관계의 내공

일보다
사람이 힘든 당신에게
필요한 힘

유세미 지음

관계의 내공

비즈니스북스

관계의 내공

1판 1쇄 발행　2021년 9월 14일
1판 6쇄 발행　2023년 9월 6일

지은이 | 유세미
발행인 | 홍영태
편집인 | 김미란
발행처 | (주)비즈니스북스
등　록 | 제2000-000225호(2000년 2월 28일)
주　소 | 03991 서울시 마포구 월드컵북로6길 3 이노베이스빌딩 7층
전　화 | (02)338-9449
팩　스 | (02)338-6543
대표메일 | bb@businessbooks.co.kr
홈페이지 | http://www.businessbooks.co.kr
블로그 | http://blog.naver.com/biz_books
페이스북 | thebizbooks
ISBN　979-11-6254-235-4　03190

당신, 모든 관계 속에
안녕하신가요?

"왜 제 주변에는 좋은 사람들이 없을까요?"

"일은 괜찮은데 사람들 때문에 회사를 그만두고 싶어요."

"누군가랑 친해지는 건 너무 어려워요."

"비대면 시대라니 차라리 잘됐어요."

인간관계를 주제로 강의할 때마다 새로운 고민을 듣는다. 그럴 때면 독특한 현상이 보인다. 겉으로는 좋은 관계 맺기에 무심한 듯 하지만 속으로는 간절히 원한다는 점, 사람들과의 어울림을 그리워하면서도 코로나19 때문에 예전만큼 관계에 에너지를 쓰지 않아 오히려 좋다는 사람이 의외로 많다는 점이다.

이처럼 모순된 심리의 정체는 과연 무엇일까. 인기 드라마 〈슬기로운 의사생활〉의 다섯 주인공처럼 인생을 찐하게 함께하는 친구들을 보면 우리는 한없이 부럽다. 나도 저런 친구가 있으면 어떨까. 하지만 현실은 드라마가 아니다. '또라이'가 판치는 직장생활과 얄팍한 관계로 인해 시시때때로 마음에 멍이 들고, 자주 외롭다. 그럴 때면 '내가 문제인가?'라고 나의 인간성이나 처세술을 의심하게 된다.

일도 인간관계도 성공하는 사람들의 비밀

그러나 인간관계 문제는 당신만의 고민이 아니니 그리 심각하게 걱정하지 않아도 된다. 사람 사는 세상에서 누구나 예외 없이 풀어야 하는 숙제다. 30년 가까운 직장생활과 이후 인간관계, 대화법, 리더십에 대한 기업 강연을 하며 느낀 것이 세 가지 있다.

첫째는 사회적인 성공과 인간관계는 매우 밀접하다는 것. 특히 관계의 넓이가 아닌 관계의 질이 성공의 결정적인 요인이 된다. 둘째는 인간관계를 잘하고 못하고는 천성과 상관없이 개인의 관심과 노력에 달렸다는 사실이다. 어렵지 않은 몇 가지 원칙을 적용하는 것만으로도 훨씬 좋은 관계를 만들어나갈 수 있다. 셋째는 자기 자신과 관계가 좋은 사람들이 주로 타인과의 관계도 잘 맺고 행복하다는 것. 자신에 대한 사랑으로 자존감을 드높이고, 마음근육이 튼튼한 사람이라야 비로소 남들을 넉넉하게 품는 여유를 갖출 수 있어서 그렇다.

결국 인간관계란 소극적이거나 까칠한 성격, 부정적인 성향과 상관없이 언제라도 마음만 먹으면 달라질 수 있으므로 안심해도 좋다. 좋은 관계를 유지한다면 자신이 원하는 목표를 이루거나 사회적으로 성공하거나, 인생을 행복하게 꾸리는 것이 훨씬 수월해진다. 누구나 활용하기에 어렵지 않은 인간관계 처세술을 이 책에 담은 이유이기도 하다.

관계를 '제대로' 운영해야 인생이 '잘' 풀린다

인생을 잘 살아가는 방법에는 여러 가지가 있지만 그중 가장 크게 꼽을 만한 것은 나를 에워싼 사람들과의 행복한 관계다. 사랑하는 가족과 부딪혀봐야 괴롭다. 어차피 평생 봐야 할 관계이기 때문이다. 매일 만나는 직장상사나 동료도 마찬가지다. '일은 아무리 힘들어도 상관없는데 저 인간 보는 게 괴롭다'는 직장인이 많다. 하지만 어쩌겠는가? 회사를 그만두지 않고서는 그 역시 날마다 어울려 일해야 하는 숙명인 것을.

다양한 상황에서의 관계 기술을 제대로 운영해야 내 인생이 편하다. 그러기 위해서는 많은 관계에 도전하는 용기를 내야 한다. 누군가에게 인정받고, 인정하고, 배려하고 칭찬하는 적극적인 노력과 시도, 고집 부려서 이기거나 그냥 한번쯤 져주는 경험, 갈등이 있으면 회피하지 않고 정면으로 해결하는 지혜, 사람의 마음을 움직이는 대화법도 애써 배워야 한다. MZ세대와 소통하고 싶다면서 그들과 대화하는 방법에 관심이 없다면 소통하지 않겠다는 뜻이다. 소통이 곧 관계를 만들기 때문이다.

이 책을 마주하게 된 독자들은 관계를 주도하고 잘 정리하고 가꾸고 만들고 완성해가는 방법을 터득하게 되리라 확신한다. 모두가 점점 더 성숙해지는 관계로 말미암아 행복하고 순탄하게 인생을 풀어나가길 응원하며, 나와 연결된 모든 인간관계에 경의敬意와 감사를 전한다.

2021년, 아름답고 감사한 가을로 접어드는 날

유세미

목차

관계를 지키는 거리 두기의 법칙

제1장

왜 그 사람 주변에는
좋은 사람이 많을까?

누구에게나
호감 주는
사람의 태도

첫인상이 좋은 사람은 살아가는 데 있어 대단한 무기를 장착한 셈이다. "참 호감형이야."라는 말을 듣는 사람도 마찬가지다. 끌리는 사람, 호감 가는 사람들에게는 그만한 이유가 있다. 사람의 이미지는 태도와 말을 통해서 전달된다. 이 두 가지는 사람의 마음을 얻는 가장 강력한 동기다. 직장에서 가정에서 혹은 어떤 조직이나 공동체에서 어떻게 행동하는 사람이 좋은 인상을 주는지, 어떻게 말해야 호감으로 자신을 무장할 수 있는지 아는 것은 세상을 살아나가는 데 큰 무기를 얻는 것과 같다.

이 책을 쓸 때의 일이다. 노트북을 들고 시내의 한 카페를 찾았다. 마침 밸런타인데이라 젊은 연인들로 북적이는 가운데 큰 테이블 한쪽에 겨우 자리를 잡았다. 그런데 맞은편에 앉은 연인의 분위기가 심상치 않았다. 역시나 얼마 지나지 않아 다툼이 시작됐다. 남자친구가 친한 여자 후배랑 찍은 사진을 SNS에 올린 것이 원인이었다.

"왜 걔랑 찍은 사진을 올려? 어떻게 그래?"

"아, 그만 좀 해. 너는 안 그랬냐? 내가 이 말까지는 안 하려고 했는데…."

이후 남자는 정확하게 작년부터 올해까지 몇 월 며칠에 여자친구가 남자와 찍은 사진을 인스타그램에 업로드했는지 읊어댔다. 여자도 질 수 없다는 듯이 남자친구가 과거 잘못했던 일을 하나하나 들춰냈다. 듣다 보니 묘하게 빠져든다. 법정 드라마가 따로 없다. 마감이 얼마 남지 않은 것도 잊은 채 한참을 귀 기울이다가 문득 드는 생각. '어쩜 이렇게 상대의 잘못을 정확하게 기억하고 짚어낼까.'

남의 실수는 기억하지 않는다

━━━━ 남이 잘못한 일에 대해 지나치게 원망하거나 마음속에 담아두는 것은 연인뿐 아니라 어떤 관계에서도 독이 된다. 좋은 관

계를 유지하는 사람은 남의 실수를 얼른 툭 털어버리는 기술이 남다르다. 그렇게 해야 자신에게 유리하다는 걸 아는 영민함이 있다.

"왜 저래?" "이해가 안 되네." "있을 수 없는 일이야." "아닌 건 아닌 거지!"

남이 잘못한 것을 마음속에 차곡차곡 쌓아서 한방에 쏟아붓거나 따지는 사람에게는 있던 호감도 사라진다. 인간관계에서 긍정적인 에너지를 갖기 위해서는 '그럴 수도 있지'라는 마음을 가져야 한다. 상대에게 관대한 마음을 가지면 관계도 유연해진다.

타인에 대한 존중이 기본이다

━━━━ 타인을 존중한다는 것은 무조건 상대를 어려워하거나 과도한 예의를 차리는 것과 다르다. tvN 예능 프로그램 〈삼시세끼〉의 출연자인 배우 차승원과 유해진에게서 타인을 존중하는 법을 배울 수 있다. 그들은 동갑내기이고 방송과 영화에 함께 출연하며 오랜 시간 우정을 쌓은 사이다. 하지만 친하다고 해서 서로를 함부로 대하지 않는다. '너'나 '야'라고 부르지 않는 것은 물론, 반말을 할 때도 예의를 갖춘다. 서로를 위해 건강한 거리를 지키는 좋은 예라고 할 수 있다.

이렇듯 누군가를 존중하는 태도는 습관과 같아서 어디에서나 자연스럽게 드러난다. 수년 전 한 배우가 발레파킹 기사에게 공손히 머리를 숙인 채 두 손으로 비용을 건네는 사진이 인터넷상에서 화제가 된 적이 있다. 이렇듯 타인에 대한 존중은 누구를 대하든, 어디에서나, 무심코 나온다. 나에게 중요한 사람이 아니라고 해서 건성건성 대하지 않는 것, 이것이 핵심이다.

진심으로 타인을 위하는 태도

━━━ 사람은 타인의 진심을 읽을 때 그 사람에게 호감을 느낀다. 있는 척, 아는 척, 잘난 척 등 가짜는 자기 자신은 만족시킬지 몰라도 타인의 마음을 끌어당기지는 못한다. 몇 해 전 어느 추운 겨울날, 새벽에 아파트 주차장에서 차를 빼려다 옆 차를 긁어버렸다. 차 주인에게 전화를 걸어 사실을 말하자, 한 중년 남자가 잠옷 바람에 코트만 걸친 채 나타났다. 미안한 마음에 쩔쩔매며 어떻게 하면 좋을지 조심스럽게 물었다. 보험 처리를 하든가 현금으로 배상할 생각이었다. 그러나 그는 "큰 사고 나지 않도록 조심하셔야겠습니다."라는 말만 남기고 집으로 돌아갔다. 그 새벽에 폐를 끼친 사람에게 보상 요구는커녕 비난 한마디 없었다. 짧은 말에서 비아냥이 아니라 걱정이 느껴졌다. 몇 년이 지난 지금까지 그 진심이 잊히지 않는 것을 보면 진심의 수명은 대단히 길다.

호감 가는 사람의 비결, 긍정성

▬▬▬▬   호감 가는 사람의 태도 중 백미라고 할 만한 것은 긍정성이다. 흔히 '긍정의 힘'을 말하는데, 긍정성을 갖춘 사람은 주변에 좋은 에너지를 계속 흩뿌린다. 전파력도 강해서 긍정적인 사람이 곁에 있으면 기분이 좋아지고 뭔가 잘될 것 같은 느낌이 덩달아 들기도 한다. 한마디로 긍정성은 그 사람을 좋아하게 되는 가장 직접적인 이유가 된다.

긍정성의 경우 천성적인 면도 없지 않지만 대부분은 후천적으로 노력해서 얻은 결과다. 긍정적인 사람에게서 볼 수 있는 특징은 일단 실패에 의연하다는 것이다. 과거를 후회하느라 에너지를 낭비하지 않고, 실패도 성공으로 가는 관문의 하나로 여긴다. "내가 그때 그렇게만 안 했어도 지금 요 모양 요 꼴로 살지는 않을 텐데…." "그때 그 사업만 안 했어도." "그때 그 회사만 안 들어갔어도." "저 사람과 결혼만 안 했어도…!" 이처럼 지금 해봐야 소용없는 일에 마음을 쓰느라 진을 빼지 않는 것은 긍정적 마인드의 필수 조건이다.

또한 긍정적인 사람은 예기치 않은 상황이 터질 경우 책임 소재를 먼저 따지지 않는다. 대신 해결 방법을 찾으며, 동시에 몸이 움직인다. 이런 사람이라면 어떻게 호감이 가지 않을 수 있을까. 해결 방법을 먼저 찾는 사람은 남 탓을 하지 않는다. 그리고 스스로도 탓하지 않는다.

그래서 그들은 '의외로'라는 말을 자주 쓴다. 어렵고 난감한 일
이 떡하니 앞에 닥쳤을 때 "나는 의외로 맷집이 좋아."라고 스스
로에게 말한다. 식당 종업원이 실수로 물을 엎어서 쩔쩔매더라도
"괜찮아요. 제가 의외로 잘 놀라지 않아요."라고 농담할 줄 안다.
긍정성은 위트가 더해질 때 더욱 큰 매력을 발산한다.

누군가에게 호감을 주는 일은 억지로 되지 않는다. 호감을 주고
싶다는 생각만으로 저절로 되는 것도 아니다. 가장 기본적으로 자
기 자신에게 호감을 느껴야 남도 나에게 호감을 갖게 된다. 자기
자신을 좋아해야 남에게도 관대해질 수 있기 때문이다. 남의 실수
에 대해서는 쉽게 잊을 만큼 관대하고 차별 없이 모두를 존중하는
마음, 그 모든 마음이 진심이라야 한다. 그런 '마음습관'이 쌓이면
자연스럽게 자기 자신에게 긍정성이 덧입혀진다. 이런 사람에게
어떻게 호감을 느끼지 않겠는가. 자기 자신에게 호감을 느끼면 모
든 관계가 좋아지는 이유다.

상처받지 않고
인간관계 잘 맺는
사람들의 비밀

세상이 불공평하다는 근거를 대라고 한다면 돈도 권력도, 소위 '금수저'라고 말하는 배경도 아니다. 똑같은 상황에서도 누구는 담담하고 건강한데, 누구는 피 철철 흘리는 상처를 입는 멘탈의 차이다. 누군들 '유리멘탈'로 살고 싶겠냐마는, 타고난 천성이나 자라난 환경의 영향으로 작은 일에도 쉽게 부서지고 자주 흔들리는 경우가 많다.

쉽게 상처 받는 사람은 대부분 자신의 상태를 잘 드러내지 않는다. 마음속 깊숙이 긁혀도 겉으로는 아닌 척 웃어넘긴다. 그래서 상처가 안에서 곪고 흉이 진다. 상처와 흉터가 선명하게 남아 있는

데 행복할 리가 있겠는가? 그래서 세상은 불공평하다고 하는 것이다. 남들은 아무렇지도 않은 일에 나는 유난히 상처받는 것, 그것이 불공평한 일이다. 어떻게 살아야 상처 때문에 불행하게 사는 쳇바퀴에서 해방될까? 매사에 상처받는 나를 바꾸고 싶다면 지금 결심해야 하는 일들이 있다.

나를 사랑하는 시나리오를 쓰자

━━━━ 나를 사랑하는 시나리오의 첫걸음은 일단 되고 싶은 나, 내가 원하는 나를 마치 작가가 된 양 설정해보는 것이다. 나는 어떤 사람이고 싶은가. 특히 유난히 남들에게 신경을 쓰고 그들이 하는 말 한마디 한마디를 두고두고 되씹으며 상처받는 유형이라면 더더욱 자신이 원하는 나를 구체적으로 설정해보는 것이 중요하다.

예를 들면 이렇다. 쓸데없이 남들 때문에 괴로워하지 않는 나, 무례하게 밀어붙이듯 요청하는 일은 명쾌하게 거절하고 상대가 나를 미워할까 괴로워하지 않는 나, 친하지 않은 친구나 동료의 결혼식 청첩장을 받으면 진심으로 축하하되 망설이지 않고 '참석은 못 할 것 같다'고 말할 수 있는 나, '애인하고는 잘 지내냐'는 둥, '그래가지고 결혼이나 하겠냐'는 둥 프라이버시를 침해하는 직장상사의 말에는 "선 넘으셨는데요. 대답하지 않아도 되는 질문이죠?"라며 유쾌하면서 단호하게 답할 수 있는 나, 남의 눈이 무서워 억지로 하는 모든 행동은 멈추기로 원칙을 세운 나…. 이처럼 사랑하는 나 자신을 위해, 내가 원하는 대로 주인공의 성격을 설정하는 것이다.

이제 일상에서 일어나는 여러 가지 관계의 문제에서 시나리오에 설정된 그대로 주인공 역을 해낸다고 생각해보자. "아, 나는 이런 사람이야."라고 되뇌며 그 역할을 충실히 하다 보면, 차츰 내가 원하는 대로, 누군가의 말과 행동에 쉽게 상처받지 않는 사람으로 발전해나갈 수 있다.

마음의 호신술 배우기

밤길을 가는데 만약 괴한이 나타나 나를 공격한다면? 특히 여성이라면 이런 무서운 상상을 해본 적이 있을 것이다. 나도 그런 만약의 상황을 대비해 호신술을 배운 적이 있다. 비록 써먹은 적은 없지만 배우는 당시에는 흥미진진했고 마음 한구석이 든든하기까지 했다. '그래, 혹시 위험한 상황이 벌어지면 배운 걸 기억해서 상대를 제압하는 거야!'

호신술護身術은 말 그대로 내 몸을 보호하는 무술이다. 그런데 몸처럼 마음도 스스로 보호해야 하지 않을까? 마음 역시 언제 어디서 공격당할지 모른다. 무방비한 상태로 당하느냐, 아니면 평소에 호심술護心術을 배워 나를 지킬 것이냐. 당연히 후자를 원할 것이다.

호심술의 기본은 타인의 공격에 쓸데없이 상처받지 않고 공격을 받더라도 상처를 남기지 않도록 하는 마음습관이다. TV 예능 프로그램에서 이런 장면을 본 적이 있다. 남자 출연자가 여자 코미디언을 비하하는 듯한 발언을 하자, 코미디언은 그 발언을 웃어넘기지 않고 남자 출연자에게 "어? 상처 주네?"라고 직접적으로 말했고, 머쓱해진 남자는 사과를 했다. 전쟁터 같은 방송계에서 그녀가 오랫동안 살아남고, 심지어 나이를 먹을수록 인기를 얻는 이유를 알 수 있을 것 같았다. 그건 바로 호심술을 발휘하는 것. 이미 그녀는 상대의 공격에 어떻게 대처할지를 알고 있었다. 마치 단단한 곳에 화살이 부딪히면 '탕' 하고 튕겨나가는 것처럼 단단한 마음을 가지면 타인의 공격도 튕겨낼 수 있다.

그러나 이보다 더 중요한 호심술은 최대한 적을 만들지 않는 것이다. 쓸데없이 타인에게 까칠하게 굴거나 반감을 사는 행동이 쌓이면 상대도 상처를 받을 수 있다. 또한 별로 친하지도 않은 사람에게 자신을 지나치게 오픈하거나 기대하는 것도 무방비한 태도다. 상대에게 호감을 느끼고 한발 다가설 때도 속도와 친밀도를 조절해야 한다. 모두가 내 마음과 같지는 않다. 내 기준을 들이대며 왜 나와 똑같지 않냐고 화를 내거나 실망하는 건 내 발에 내가 걸려 넘어지는 꼴이다. 그래서 호심술 중 가장 큰 기술은 상대를 위해, 그리고 나를 위해 적당한 거리를 지키는 것이다.

관계의 원칙에 충실하자

▬▬▬▬ 사람들이 쉽게 하는 착각이 있다. 많은 관계가 거미줄처럼 엮여 있으면 인생을 잘사는 거라고 안심하는 것이다. 그래서 필요 없는 친목회나 동호회를 쫓아다닌다. 그런 모임들 중에는 분명 도움이 되는 모임도 있지만 그저 자기 자랑 혹은 남의 뒷담화나 하는 모임도 있을 수 있다. 나에게 도움이 되지 않고, 그렇다고 만나면 좋은 사람들도 아닌데 '그런 사람들이라도 알아두자', '보험 드는 셈 치고 다리라도 걸쳐놓자'는 마음으로 시간과 에너지를 쏟는 것은 인생을 낭비하는 것이나 다름없다.

코로나19 상황으로 연말 모임이 자제됐던 2020년 12월. 한 시장조사 전문기업에서 직장인 남녀를 대상으로 조사한 결과, 직장인 열 명 중 일곱 명이 송년회를 하지 못하는 상황을 긍정적으로 생각한다는 결과가 나왔다. 회식도 없어지고, 쓸데없는 모임에 가지 않아도 되는 것이 오히려 장점이라는 것이다. 이것이 바로 사람들의 진짜 속마음이다. 만나고 싶은 사람, 함께하고 싶은 모임은 그리 많지 않을 것이다. 그렇지 않은 모임에도 사회생활이라 여기며 어쩔 수 없이 참석하는 사람이 많다.

스마트폰 전화번호부에 수많은 전화번호가 저장되어 있다고 행복해지는 것은 아니다. 반대로 사람들과 별로 교류가 없다고 해서 불행한 것은 더더욱 아니다. 이 사실을 정확히 알고 있어야 외로움이나 소외라는 '가짜 감정'에 상처받지 않는다. 내가 정한 내 원칙에 흔들리지 않고 충실하면 쉽게 상처 입지 않는다. 친하지도 않은 지인들 정기 모임에 초대받지 않았다고 해서 상심할 필요는 없다. 내 원칙은 진실된 인간관계만 유지하는 것이니까. 그런 건강한 마음이 탱탱볼 튀어 오르듯 나를 상처에서 벗어나게 한다.

꼭 함께
일하고 싶은
사람들의 사소한 습관

사회에서 우리는 다양한 사람과 일하게 된다. 함께 일하고 싶은 사람이 있는가 하면 함께 일하고 싶지 않은 사람도 있게 마련이다. 당신이 함께 일하고 싶은 사람은 어떤 사람인가? 언뜻 생각하면 무조건 일을 잘하는 사람과 같이 일하고 싶을지 모르지만 곰곰이 따져보면 꼭 그렇지만은 않을 것이다. '일을 잘하는 것'과 '함께 일하고 싶은 것'이 반드시 비례하지는 않는다.

그렇다면 어떤 조건을 갖추어야 함께 일하고 싶은 사람이 될까? 이 문제가 왜 중요한가 하면, 함께 일하고 싶은 사람이 된다는 건 사람들과 잘 소통하고 타인의 마음을 얻는다는 것을 의미하기 때문이다. 그리고 결국 그런 사람이 성공할 가능성이 높다.

어느 조직에서나 함께 일하고 싶은 사람들에게는 공통점이 있다. 그 공통점을 한번 살펴보면서 나한테 해당하는 게 있는지 생각해보자.

제 책임입니다

────── 사실 제일 중요한 부분인데 실제로는 일을 하다가 내 책임이라고 나서는 사람을 보기 쉽지 않다. 일단 직장에서든 거래처 관계에서든 처음부터 자신이 빠져나갈 구멍을 만들어놓는 것에 에너지를 쏟는 사람이 많다. 책임이라는 것은 곧 리스크이며 손해라고 생각해서 그렇다. 젖은 낙엽처럼 그저 딱 붙어 있는 게 최고라는 안일함이 사회 곳곳에 만연해 있다.

언제나 자신이 책임지지 않을 방법을 강구하고, 그래도 잘못되었을 때는 실무자를 희생시키고, 결국 빠져나갈 구멍이 없다 싶으면 변명을 길게 성의껏 늘어놓는 사람과는 함께 일하기 싫다. 변명한다고 책임이 사라지지 않는다. 주변에서 이미 다 안다. 실수는 누구나 하기 때문에 그 사람의 이미지는 사실 그 이후에 어떻게 대처하는지에 달려 있다. "잘못되었습니다. 제 책임입니다. 이러이러한 방법으로 해결하겠습니다. 다음부터 절대 이런 일 없도록 하겠습니다. 죄송합니다." 이렇게 명쾌한 순서에 따라 실수를 인정하는 정확한 태도가 중요하다.

특히 직장이라면 부하직원이 잘못한 경우 리더는 자신의 책임 임을 통감하는 모습을 보여야 한다. 팀에 문제가 생겼을 때, 실무자의 실수이니 나는 상관없다고 발을 빼는 직장 상사를 누가 믿고 따르겠는가. 윗사람들이 힐책하면 "어휴, 우리 김과장이 아직 적응을 못해서… 죄송합니다."라고 말하거나, 모르쇠로 일관하며 입 다물고 발끝만 쳐다보는 직장 상사는 당장이라도 헤어지고 싶은 유형이라고 할 수 있다.

끝내 원칙을 지키는 단단함

━━━ "저 사람은 원칙주의자야. 꽉 막혔어… 답답해."라고 흉보면서도 신뢰의 대상이 되는 사람이 있다. 공정성과 원칙을 지키는 사람이라는 신뢰를 준다는 건 대단한 강점이다. A백화점 구매팀의 최과장. 그의 업무는 샘플을 검토하고 구매 여부를 결정하는 것이다. 그는 그야말로 융통성이 없는 인물로 검토 일정은 요청된 순서대로 진행한다. 평소 알고 지내던 거래처 사장이 '이번만 봐달라, 좀 먼저 검토해달라'고 아무리 애걸복걸해도 꿈쩍도 안 한다. 처음에는 섭섭해하던 이들도 이제는 그러려니 한다. 아니, 오

히려 그를 신뢰하게 되었다.

그러나 최과장처럼 원칙을 고수하는 사람은 의외로 많지 않다. 대부분의 경우 부탁을 거절하지 못해서, 혹은 친하다는 이유로 편의를 봐주기도 한다. 하지만 먼저 검토해준다 한들 상대가 고마운 마음을 갖는 것은 그때뿐이다. 혹시 다음 샘플에서 검토 기간이 생각보다 길어진다면 '나보다 더 힘 있는 사람의 부탁을 받고 내 것이 밀렸다'고 생각할 수 있다. 그러나 원칙대로 하면 그 당시에는 서운해할지 모르지만, 적어도 내가 불이익을 받지는 않을 거라는 믿음이 생긴다. 장기적으로 볼 때 결국 그런 사람과 일하고 싶은 것이 당연하다.

말보다 행동 먼저

━━━━ B유통업체의 어느 팀에서 케이크와 고급 타월을 세트로 묶어 VIP 고객에게 증정하는 프로모션을 기획하고 있다. 경험상 저런 식이면 문제가 생긴다는 걸 나는 알고 있다. 타월과 케이크는 보관 방법이 다르다. 케이크는 냉장 보관해야 맛이 변하거나 모양이 망가지지 않는다. 하지만 프로모션 기간에 맞춰 증정용 케이크를 보관할 공간과 설비를 마련하기란 쉽지 않은 일이다. 또 케이크는 취향에 따라 호불호가 갈리는 아이템이다. 타월은 부피가

작아 선뜻 받을 수 있지만, 케이크는 애매하다. 혹시라도 약속이 있어 케이크 상자를 들고 돌아다녀야 한다면 여간 번거롭지 않을 것이다. 이런 이유로 고급 타월과 케이크를 세트로 묶어서 프로모션을 진행하다 낭패를 보는 경우가 더러 있다.

비슷한 상황을 먼저 경험한 유경험자로서 위험 요소를 모르고 일을 진행하는 동료들을 보면서 취하는 태도는 몇 가지로 나뉜다. 내 일 아니니 그저 못 본 척 입 다물고 있는 유형, 그렇게 하면 실패한다고 선심 쓰듯 잔소리를 해대는 유형, 혹은 자신도 비슷한 기획을 시도했으나 과거에 실패했다며 원인을 분석한 데이터를 찾아 건네면서 신중히 검토해야 하는 이유를 설명하는 유형이 있다. 물론 마지막 유형이 가장 신뢰받는 사람이다.

일단 말을 하기 전에 몸을 먼저 움직이는 사람이 결국 사회생활의 승자가 된다. 그저 말만 하는 사람이 너무 많기 때문이다. 특히 이런 성향이 빛을 발하는 경우는 조직에 문제가 생겼을 때다. 새로 강남역에 오픈한 화장품 매장에서 고객 컴플레인이 발생했다고 하자. 보고를 받고 문제의 심각성을 깨달으며 비상 회의를 소집했을 때 대부분은 누가 잘못했냐, 어느 팀 책임이냐를 먼저 가리려든다. 하지만 이런 순간에도 어떻게 하면 최대한 피해 없이 조용히 일을 해결할까를 고민하며 이미 해결책을 1, 2, 3안으로 만들어내는 사람이 있다. 이렇게 행동이 먼저 나오는 사람은 그야말로 함께 일하고 싶은 이미지를 스스로 만들어내는 것이다.

사소한 것도 소통을 잘하는 사람

■■■■ 같은 회사에서 일하더라도 일하는 스타일은 각양각색이다. 또 비슷한 능력을 가졌다고 해도 일하는 방법에 따라 겉으로 드러나는 실적은 천차만별이다. 직장인이라면 누구나 효율적으로 일하고 싶어 할 텐데, 그 비결은 바로 소통을 어떻게 하느냐에 있다. 그래서 누구나 소통을 잘하는 동료와 함께 일하기를 원한다. 소통을 잘하는 동료와는 말이 잘 통해서 오해나 차질 없이 일이 착착 진행되기 때문이다.

팀장이 보고서를 쓰라고 지시하며 금요일까지 기한을 주었다. 이런 경우 유능한 사람은 중간중간 진행 사항을 보고한다. 레이아웃은 이렇게, 목차는 이렇게 진행한다고 상사의 확인 과정을 거친다. 이렇게 되면 지시를 내린 사람과 수행하는 사람 사이에 오해의 여지가 줄어든다.

반면 상사에게 뭔가를 말하기가 두려워서 혼자 생각한 대로 보고서를 쓰고 기한에 딱 맞춰 제출하는 사람도 있다. 이런 경우 상사의 의도대로 보고서가 작성되기 힘들다. 상사의 마음을 거울 들여다보듯 정확히 아는 직원이 몇 명이나 될까. 그렇기 때문에 소통이 중요하고, 상사도 자신의 의도를 자주 확인하는 직원과 일하고 싶어 한다.

이런 경우도 있다. 김부장은 현장에서 사고가 있었다는 보고를 다른 팀에서 듣게 되었다. 담당 과장에게 왜 즉시 보고하지 않았냐고 다그치자 "해결한 후에 말씀드리려고 했습니다. 그다지 큰일이 아니라서⋯."라는 대답이 돌아왔다. 회사의 모든 문제는 '선 보고 후 해결'이며, 큰일인지 작은 일인지 판단은 상사에게 맡기는 것이 낫다. 자신이 멋대로 판단한 채 제대로 소통하지 않는 직원에게는 신뢰감이 들지 않는다. 이것이 모든 상사의 공통 심리다.

꼭 상사에 대해서만 소통이 중요한 것은 아니다. 동료들에게도 지금 이렇게 상황이 돌아가고 있으니 참고하라며 전체 공지를 날리는 직원, 누군가 요청했을 때 바로바로 피드백하는 동료, 자신의 일을 하면서도 다른 팀이나 동료에게 도움이 되겠다 싶은 정보를 그때그때 전해주는 사람과는 함께 일하고 싶어진다. 유익하고 활발한 소통을 중시하는 사람 주변에는 사람이 몰릴 수밖에 없다. 간단하지만 중요한 사실이다.

인맥부자,
사람부자들의
특별한 습관

"K가 새로 시작한 쇼핑몰이 대성황이라네. 자본이 없어 힘들어하더니 주변에서 다 팔 걷어붙이고 돕나 봐. 대체 무슨 복이라니?" 이런 것을 두고 '인복'이라고 한다. 인복의 특징은 억지로 얻을 수 없다는 것, 그리고 똑 떨어지게 계산하기 힘들다는 것이다. 인복을 많이 갖겠다고 작정한다 해서 갑자기 생기는 것도 아니고 내가 노력한 만큼 바로바로 피드백이 오는 것도 아니다. 그렇다고 단순히 '팔자에 인복이 있다'고 믿는 것에도 근거가 없다. 그렇다면 어떻게 해야 인복이 많은 사람부자가 될 수 있을까?

일단 말만 들어도 기분 좋은 '사람부자'에 대해 정의해보자. 자칫 사람부자라고 하면 거미줄 같은 인맥으로 아는 사람이 많은 사람이라고 착각할 수 있다. 그러나 진정한 사람부자는 그저 주변에 사람이 많다는 것이 아니라 내가 잘되기를 원하고 잘됐을 때 기뻐하는 사람이 많다는 걸 의미한다. 또 그렇게 되도록 기꺼이 도울 준비가 되어 있는 지인이 많다는 뜻이기도 하다.

　내 주변에 그런 사람이 많다면 당연히 행복하고 안정감이 있다. 거꾸로 내가 좋아하는 사람도 많아야 한다. 그 사람들이 잘되기를 내가 소원하게 되고, 그들이 있어 인생이 흐뭇하게 느껴지는 때가 많을수록 사람부자다. 심리학자들은 마음을 터놓을 수 있는 친구는 다섯 명이 필요하고, 공통의 관심사를 가지고 꾸준히 교감하고 관계를 맺는 친구는 열다섯 명 정도가 필요하다고 한다. 여러분은 과연 이런 친구가 얼마나 있는가.

　사람관계란 참 어렵다. 이런저런 이유로 자주 만나도 '우리 사이에 과연 우정이라는 게 있나'라는 생각이 드는 사람이 있고, 1년에 두어 번 연락하고 지내는 사이라도 진정한 친구라고 느끼는 사람도 있다. 이처럼 미묘하고 복잡한 인간관계에서 진정한 사람부자가 되는 비결은 무엇일까.

상대를 우선시하는 태도

━━━━━ 　상대에 대한 존중이 있으면 상대를 귀하게 여기고 우선시하는 마음이 저절로 드러난다. 이런 마음이 가장 먼저 드러나는 것이 바로 말이다. 사람은 자신의 자존감을 올려주는 사람들에게 호감을 느낀다. 상대의 자존감을 올려주는 말은 사람부자들의 기본적인 습관이다. 고맙다는 말을 수시로 하고, 상대가 대단하다고 진심으로 감탄한다. 사실 누구에게나 장점이 있고 대단한 면이 있다. 그걸 찾아서 말로 표현하는 것이다. 사람들은 그럴 때 마음이 열리고 상대에게 호감을 느낀다.

항상 무심히 의례적인 인사만 하고 지나치는 이웃이 있다면 상대를 귀하게 여기는 태도를 말로 보여주자. "안녕하세요. 언제나 밝은 표정이시라 만나면 기분이 좋아지네요. 엄마가 그러니까 애들도 명랑하고 인사를 잘하나봐요." 이런 한마디가 가져오는 효과는 놀랍다. 어제까지는 그냥 이웃이었지만 이 한마디에 좋은 친구가 될 수도 있다.

나보다 상대를 우선시하는 사람은 말을 할 때, 주어에 자신보다 상대방이 더 많이 들어간다. 상대의 이야기 위주로 대화가 흐르기 때문이다. 상대가 주인공이 되는 문장이 내가 주인공이 되는 문장보다 두 배는 많아야 한다. 그것이 상대방을 우선시한다는 증거라고 볼 수 있다.

누군가와 대화를 나눈 뒤에는 돌이켜 생각해보자. 주로 그 사람이 주인공이었는지, 아니면 내 이야기를 위주로 했는지 되짚어보면 내가 상대를 우선시하는 태도를 보였는지 명백히 알 수 있다. 대부분 내 이야기로 채웠다면 사람부자가 되기에 아직 멀었다는 뜻이다.

어디서나 진심을 드러낸다

진심을 바탕으로 관심을 보여줄 때라야 비로소 상대의 마음을 얻을 수 있다. 그럼 진심 어린 태도란 어떤 것일까? 기본적으로 상대의 이름을 기억하고, 눈을 맞추고, 상대의 이야기를 마음을 다해 듣는다.

또한 그 사람의 관심사에 맞춰 대화의 주제를 이어나간다. 상대를 진심으로 생각한다면 상대의 관심사를 저절로 알게 된다. 아이가 태어난 지 얼마 안 된 지인에게는 아이가 몇 개월인지, 걷는지, 뛰는지, 옹알이는 시작했는지 물어봐야 상대의 관심에 초점을 제대로 맞추는 것이다. 후배가 결혼을 할지 말지 고민하고 있다면, 경력이 멈춰 있던 친구가 용기를 내 사회로 나올 준비를 하고 있다면, 그런 상대의 관심사에 열성적으로 화제를 맞추는 것이 사람부자들의 공통점이다.

결국 모든 것이 태도의 문제다. 상대의 마음을 내 멋대로 해석해서 넘겨짚지 않고 그 마음을 귀하게 여기는 태도, 그리고 진심을 담은 말투가 당신을 사람부자로 만들어줄 것이다.

인복이 많은 사람부자의 비결을 또 하나 들자면, 상황과 관계없는 마음의 여유다. 프랜차이즈 사업으로 시간을 분 단위로 쪼개 쓰는 J대표는 나의 오래된 지인이자 사람부자의 대명사라고 할 수 있다. 그의 태도를 보면 왜 그가 사람부자인지 금방 알 수 있다. 누가 전화를 해오든 그는 단 한 번도 바쁘다는 소리를 하지 않는다. 심지어 '남는 건 돈하고 시간'이라는 농담과 '밥을 언제 먹을까'라는 제안도 빼놓지 않는다.

그뿐 아니다. 누군가 방문하면 그는 비즈니스 미팅이 아니더라도 일단 휴대전화 전원을 끈다. 그리고 비서를 불러 '지금 중요한 손님 오셨으니까 나 없다고 하라'고 지시한다. 그런 말을 들은 상대는 최고의 대접을 받는 기분이 된다. J대표에게 '찐팬'이 많은 이유다.

누군가 전화를 하거나 만났을 때 늘 여유 없이 허둥지둥 바쁜 사람, 시간에 인색한 사람, 제안을 해도 "스케줄 좀 보고…. 그때는 안 되겠는데."라며 미안한 기색 없이 번번이 거절하는 사람에게는 좀처럼 사람이 붙지 않는다. 여유가 있어 좀 느긋하게 웃을 줄 알아야 함께 있는 사람도 편한 법이다.

누구든지 좋은 사람들을 곁에 많이 두고 싶어 한다. 그러면서도 인생의 힘이 되어줄 진정한 관계를 가꾸어나가는 데 제대로 마음을 쏟아 노력하는 사람은 드물다. 피상적인 인간관계에 머물기만 할 뿐 진정한 의미의 사람부자가 되는 것에 서툴기 때문이다. 그러나 단지 눈앞에 있는 사람에게 진심을 가지고 대하는 것만으로도 사람부자가 되는 길은 시작된다.

지금 상황이 어떻든 간에 일단 내 마음의 여유를 강제로라도 만들어보자. 마음의 여유도 습관이다. 없으면 있는 척이라도 하자. 그러면 거짓말처럼 여유가 마음속에 점점 들어선다. 진심과 여유가 있을 때 비로소 남을 귀하게 우선시하는 마음을 전할 수 있다. 사람부자도 이렇듯 꾸준히 애써야 한다. 어쨌든 부자가 되는 일인데 거저 얻으려 하면 되겠는가.

볼수록
질리는
사람의 특징

살다가 뜻밖에 좋은 사람을 알게 되는 경우, 우리는 충만함에 젖고 뿌듯함을 느낀다. 사람은 혼자서는 살 수 없는 존재이기 때문에 나와 마음이 잘 맞는 사람, 좋은 사람과 인연을 맺는 것은 인생의 큰 기쁨이다. 문제는 좋은 친구를 얻어서 신나는 마음이 채 가시기도 전에 만나면 만날수록 '이건 아닌데…' 싶은 사람이 있다는 것이다. 이런 사람은 바로 보면 볼수록 질리는 사람들이다. 볼수록 질리는 사람들은 어떤 특성을 가지고 있을까? 혹시 나에게 해당하지 않는지 살펴보고 반면교사로 삼자.

가십을 좋아하는 오지라퍼

━━━━━ S전자에 근무하는 김과장은 온몸에 수십 개의 안테나가 있는 듯하다. 디테일에 강하고 친절하고 배려심이 깊다는 평을 받고 있기는 하지만 주변에 사람들이 그다지 모이지 않는다. 소위 그의 '안테나'에 질려버린 탓이다. 김과장의 안테나는 항상 타인을 향해 있다.

"오늘 팀장 기분이 별로인가 봐. 집에서 무슨 일이 있었나? 박과장은 어제 왜 관리팀 회식에 끼었지? 관리팀으로 옮기고 싶은 거 아닐까? 김대리는 가을에 결혼한다더군. 어쩐지 요즘 정신이 거의 딴 데 가 있는 듯하더라고."

남에 관한 관심이 나쁘다는 뜻이 아니다. 다만 그 경향이 지나치면 곁에 있기가 부담스럽다. 관찰당하는 기분이 들기 때문에 긴장하게 되고 마음을 열기 힘들다. 게다가 이런 사람은 가십에도 관심이 많아서 그런 가십을 이리저리 옮기고 퍼뜨리는 경우가 많다.

이런 사람은 남에 관한 관심 못지않게 남들의 관심이 자신을 향해 있는지 확인하기도 바쁘다.

"오늘 팀원들 점심 먹으며 무슨 얘기했어?"

"영업팀에서 나에 대해 뭐라고 얘기하는지 알아? 그런 이야기가 돌면 나한테 알려줘."

남들이 자신을 어떻게 평가하는지, 어디선가 내 험담을 하는 건 아닌지 촉각을 곤두세운다. 퇴근 후 혹시 나만 빼고 치맥이라도 하러 가는 건 아닌지 의심한다. 이처럼 타인의 시선에만 매달리고 소외될까봐 불안을 느끼는 사람 치고 속이 꽉 찬 사람이 드물다. 자신에게 집중할 에너지를 타인에게 다 써버리기 때문이다. 매사에 이런 식이면 곤란하다. 다른 사람들에게 지나치게 촉을 세우는 사람은 다른 사람을 질리게 한다.

TMI가 특기인 투머치토커

━━━ '마음을 연다', '오픈 마인드'라는 말의 의미를 착각하는 사람이 많다. 초면이거나 별로 가깝지 않은데도 자신의 불행했던 과거나 지병, 안 좋은 가족관계, 부부관계, 아이들 속 썩이는 이야기 따위를 늘어놓으면 상대는 당황스럽고 부담스러워서 슬금슬금 피하게 된다.

처음에는 어떤 사람인지 궁금했다가도 차 한 잔을 다 마시기도 전에 자신이 살아온 인생 이야기를 쉼 없이 쏟아내면 이미 그 관계는 끝났다고 봐야 한다. 속이 답답한데 상대방이 편안하게 느껴져서 털어놓았다든가, 빨리 친해지고 싶어서 그랬다고 하더라도 오히려 역효과다. 그래놓고 "나는 마음을 열고 사람들을 대하는데 다른 사람들은 안 그런 것 같아."라면서 혼자 오해하고 슬퍼하기도 한다.

　인터넷상에서 익명으로 대화를 나누는 것에 익숙해진 탓인지 요즘에는 자신의 어려운 문제도 차라리 모르는 사람과 이야기하는 걸 더 편하게 생각하는 사람도 많다. 나는 〈유세미의 직장수업〉이라는 유튜브 채널을 운영하고 있다. 직장생활에 대한 고민을 들어주고 조언을 해주는 채널인데 아주 많은 분들이 구독해주고 계신다. 이 채널이 성공할 수 있었던 이유도 그런 것이 아닐까. 회사 선배들하고는 하고 싶지 않은 무거운 이야기를 온라인 세상에 존재하는 '유세미'라는 사람, 생면부지의 관계없는 사람과 의논하는 것이 훨씬 편한 것이다. 그러니 일상에서 자신의 무거운 이야기를 남에게 자주, 길게 나누는 것은 조심해야 한다. 상대가 질려서 주춤주춤 물러날 수 있다.

애매한 태도의 우유부단형

━━━　좋고 싫은 게 명확하지 않고 남들에게 딱히 그런 표현을 하기 꺼리는 타입이 있다. "뭐가 좋아?"라고 물으면 "그냥, 뭐…."라고 얼버무리거나 "글쎄…."라며 말끝을 흐리고 표현을 하지 않는다. 어떤 모임에서건 이야기를 나눌 때는 거의 개점휴업 상태로 의견이 없고 심지어 "점심은 뭐 먹을까?"라고 누가 물어도

"아무거나." 또는 "같은 걸로!"를 외친다.

자기 주관도 없고 한마디로 자기 색깔이 없다. 이런 사람들은 왜 그렇게 행동할까? 사람들 눈치를 보며 그저 대세에 따라가겠다는 심리 때문일 수 있다. 그러나 특히 일터에서 이런 태도를 보이는 사람은 무능력해 보이기 쉽다.

이런 타입의 경우 화젯거리도 빈약할 수밖에 없다. 취미도, 관심사도 없다면 그저 매사에 시들시들한 이미지가 되기 쉽다. 자신에 대한 자부심이 없거나 명확한 자신의 생각을 드러내지 않는 사람은 매력이 떨어지고 점점 질린다.

불평 많은 비관주의자

━━━ 매사에 부정적인 사람에게도 역시 빨리 질린다. 함께 있으면 즐겁지 않기 때문이다. 스스로 의식하지 못한 채 말습관 자체가 부정적으로 굳은 사람이 의외로 많다.

어느 시험에서 1차 합격한 친구의 소식에 "어휴, 두고봐야지. 1차 합격이 대수야? 저 바닥이 얼마나 치열한데."라거나 "운이 엄청 좋았네. 그 친구가 그 실력이 안 될 텐데."라며 시큰둥하게 말하는 사람도 있다. '흙수저'는 아무리 해도 안 되는 세상이라고 시도 때도 없이 울분을 토하는 사람, 이민을 가고 말지 이 나라에서는 더 이상 살 수 없다고 매일 비장하게 말하는 사람, 회사가 무슨 난파선인 양 매사에 불만을 터뜨리며 하루라도 빨리 탈출하겠다고 노래를 부르는 사람…. 꽃노래도 한두 번이라는데 이런 불평을 계속 참아줄 사람은 없다. 이미 다 질려버렸으니까!

사람은 너 나 할 것 없이 이기적인 면을 가지고 있기 때문에 함께 있는 사람이 어떤 면에서든 나에게 유익하다고 판단될 때 비로소 호감을 느낀다. 처음에는 상냥하고 친절하고, 말이 통하는 듯해도 결국 이런 네 가지 경향의 사람들은 주변을 좋은 사람으로 채우기 힘들다. 다들 어느샌가 질려서 손가락 사이로 빠져나가는 모래처럼 사라져버리기 때문이다.

'짜장이냐, 짬뽕이냐'보다 간단한 인간관계 법칙

중국집에 가면 누구나 하는 고민이 있다. 짜장이냐, 짬뽕이냐! 테이블에 앉으면서, 옆 테이블을 흘끔거리며 열심히 고민한다. 혀에 착 감기는 감칠맛이냐, 얼큰한 국물이냐…. 마침내 짬뽕으로 결론을 내리고 주문하지만, 음식이 나오면 잠깐 후회하기도 한다. '짜장 먹을 걸 그랬나?'

언제나 선택하지 않은 것에 미련이 남기 마련이다. 그러나 이런 미련은 대개 금방 잊힌다. 대세에 지장이 없기 때문이다. '내가 오늘 먹고 싶은 것을 고른다'는 큰 원칙을 세웠고 이에 따라 선택을 했기 때문에 후회도 적다. 인간관계도 마찬가지다. 큰 원칙과 기준을 세우면 쉽게 선택할 수 있다. 고민하고 어려워하는 이유는 다음과 같은 간단한 인간관계 법칙을 외면하기 때문이다.

세상 사람들이 다 나를 좋아할 수는 없다

▬▬▬▬ 어느 커뮤니티에나 오지랖 대마왕들이 있기 마련이다. 소위 '착한 사람'들이 그 선봉에 선다. 맛집으로 유명한 모 식당의 K사장은 십수 년간 손님들을 종일 줄 세우는 대박집으로 꽤 큰 자산을 모았다. 늘 배우지 못한 한恨 때문에 대학 최고위 과정을 수강하다가 신세계를 봤다. 사장들만 모인 그곳에서 그는 동기모임의 회장으로 추대되었고, 어디에서도 경험하지 못한 사람들과의 교류에 환희를 느꼈다.

누군가가 나를 알아주는 일은 나이 들어 성공한 사람이 누릴 수 있는 최고의 복이라 여기고 그는 왕성한 활동을 하며 동기모임을 주도했다. 온갖 경조사는 물론, 회원들의 자잘한 문제까지도 두 발 벗고 뛰어다니며 해결하는 등 '존경하는' 회장님으로서의 직분을 다하다 보니 정작 자신의 식당 경영은 소홀히 하게 되었다. 번성하는 것도 금방이지만 쇠락하는 것은 더욱 가팔랐다. 주인이 엉뚱한 데 한눈팔고 있으니 다섯 개나 되는 식당 운영은 느슨해지고 방만해져 결국 한물간 식당이 되어버렸다.

누구에게나 너그럽고 배포 크고 자상한 회장님으로 살고 싶었던 대가치고는 가혹했다. 쇠락한 경영자에게 여전히 열광하는 사람은 그리 많지 않다. 사람들의 태도는 예전과 판이하게 달라졌고 초라하게 실패한 경영자를 외면했다. 자신들이 필요할 때는 전화에 불이 나도록 찾았지만 정작 K사장이 아쉬운 소리를 해야 할 때는 모두 냉담했다. 세상 사람이 다 나를 좋아하도록 지나치게 노력하는 통에 화를 자초한 셈이다.

누구나 다른 사람들에게 사랑받고 싶어 한다. 그러나 모든 사람에게 사랑받을 수는 없다. 20여 년간 연예계 정상을 누리는 이효리 씨에게도 안티는 무수히 많다. 직장에서도, 다른 모임이나 조직에서도 모든 사람에게 잘 보여야겠다고 생각하는 순간 인생이 피곤해지고 심지어 망가질 수도 있다.

나를 지키는 일은 '세상 모든 사람이 나를 좋아할 순 없다'고 마음먹는 데서 시작된다. 모든 사람에게 잘 보이려고 애쓰지 말자. 결국 내 인생에 중요한 사람은 내 주변 몇 명이면 충분하다. 합당한 이유 없이 내가 싫다는 사람은 그냥 내버려두면 된다. 남의 취향은 내 소관이 아니다.

모든 사람이 나보다 낫다

▬▬▬▬   갑자기 들이닥친 집안의 우환으로 하루아침에 회사를 퇴직하고 나는 한동안 백수로 살았다. 대학 때도 아르바이트를 쉰 적이 없으니 '대체 몇십 년 만에 일에서 해방된 건지'라며 쉬는 것도 딱 한 달 정도 좋았다. 평생 '일중독'이라는 소리를 듣던 사람이 아침에 눈 떠서 할 일이 없다는 것은 거의 고문 수준이었다.

그런데 백수가 돼서 동네를 어슬렁거리다 보니 세상이 달리 보였다. 평소에는 보이지 않던 것들이 보이기 시작했다. 마트 시식 코너에서 찰진 입담으로 구운 베이컨을 권하는 아주머니, 야무지게 계산을 마친 후 방긋 인사를 건네는 편의점 직원, 지하철로 꽃이나 옷을 배달하는 어르신들…. 눈에 보이는 모든 사람이 진심으로 대단해 보였다. 일을 해서 돈을 번다는 것은 위대한 일이다! 지금 백수인 나보다 그들은 훨씬 더 고귀하고 훌륭하다! 내가 백수 시절에 사무치게 깨달은 점이다.

그래서 기본적으로 모든 사람은 나보다 낫다는 말에, 나는 지금도 무릎을 탁 치며 공감한다. 이것은 누구를 만나든 그 사람에게 좋은 점이 반드시 있고, 의식적으로 그런 점을 찾는다는 의미다. 내가 여유가 없을수록 그런 부분이 눈에 들어오지 않기 때문에 의도적인 노력이 필요하다. 내가 바쁘고 우쭐할 때는 사람들을 평가하고 마음속으로라도 비난했다. 돌아보면 그럴 때 관계에 문제가 생겼다. 모든 갈등은 상대에 대한 혹평에서 싹트는 것이다.

누구라도 자세히 보면 나보다 나은 점이 분명히 있다. 이렇게 관점을 바꾸면 일면식 없던 사람이라도 감탄스러울 만큼 대단한 점이 보인다. 매일 부대끼는 사람들의 대단한 점을 찾는 건 더욱 쉽다. 상대의 좋은 점을 찾아 그 부분을 쿨하게 칭찬해주는 것, 아부와는 다른 이런 습관은 사람을 존중하는 태도를 만든다. 어떤 사람도 무시하거나 함부로 하지 않는 품위를 갖추게 되면 인간관계도 매끄러워진다.

이제부터 누구든 눈에 보이는 사람에게서 나보다 나은 점을 찾아보자. 아무리 봐도 장점을 찾을 길 없는 남편에게는 이렇게라도 말하면 된다.

"당신, (내 눈에는) 참 잘생겼다!"

독이 되는 관계는 정리한다

====== '이왕이면 좋은 게 좋은 것'을 사람들과의 관계에 적용하는 사람이 많다. 웬만해서는 싫은 소리 안 하고 '내가 참고 말지'라며 삼키는 유형이다. 그러나 그렇게 좋게 참으며 지내는 사람들 중에 내게 독이 되는 사람이 있다면 그야말로 단호하게 걷어내야 한다.

내게 독이 되는 사람은 어떤 사람일까? 일단 함께 이야기를 나누면 나의 자존감이 떨어지거나 의욕이 사라지게 하는 마술을 부리는 사람이다. 새로 공부를 시작해보려는 내게 "아서라, 아무나 하냐."라고 말하는 사람이라면 30년 지기라도 정리하는 편이 낫다. "인생은 한방이야!"를 외치며 일확천금을 꿈꾸는 사람이 있다면 최대한 신속하게 그의 곁을 떠나야 한다. 만나기만 하면 눈물 콧물 짜며 한나절 신세 한탄을 해서 기운을 쏙 빼놓고서는 정작 내가 힘들 때 찾으면 무심한 친구 역시 내 에너지를 뺏어가기만 하기 때문에 정리 대상이다.

오래 알던 사람을 딱 잘라 정리하는 것이 꺼림칙하다면 마음속으로 거리를 두는 것에서 시작하면 된다. 좋은 관계를 부지런히 맺기에도 인생은 짧다. 독이 되는 인간관계는 벗어버리겠다는 원칙이 나를 돕는다. 하늘도 스스로 돕는 자를 돕는다고 하지 않던가.

성숙한 사람이
타인을 품는
법

"사람이 참 그릇이 커."라고 말한다면 이것은 대단한 칭찬이다. 그릇이 크다는 말은 여러 종류로 쓰인다. 부자가 되는 돈 그릇, 인품을 나타내는 말 그릇, 그리고 관계를 담는 사람 그릇…. 그중에서 사람 그릇은 무엇보다 크기가 중요하다. 무조건 넉넉해야 많은 사람을 담아 품을 수 있기 때문이다. 사람 그릇이 커야 관계를 잘 가꾸어나가고 남을 도울 수도 있다. 만약 인생의 가치를 인간관계의 질에서 찾는다면 무엇보다 성숙하게 사람을 품는 방법을 익혀야 한다.

화장품 대리점을 운영하는 P는 유치원에 다니는 아들을 친정어머니 손에 맡겼다. 매출로만 보면 직원을 두 명은 두어야 하지만 인건비를 줄이려는 욕심에 P가 그야말로 1인 3역을 하며 시간제 아르바이트를 고용해 근근이 버틴다. 과로 때문에 허리가 끊어질 듯 몸이 힘들 때마다 남편에게 원망을 퍼붓는다.

멀쩡하게 다니던 회사를 때려치운 남편은 사업을 한답시고 결혼 10년 만에 겨우 마련한 아파트 한 채를 깨끗이 날려 먹었다. 그러곤 다시 중소기업에 들어가 축 처진 어깨로 출퇴근하는 모습을 볼라치면 한심하다 못해 억장이 무너진다. 울화병이지 싶도록 몸도 마음도 힘들고, 남편과는 거의 대화 없이 지낸다. 어쩌다 말을 해봐야 가시 돋친 독설을 뿜을 뿐이다. 사는 게 힘들고 재미라고는 없다.

전업주부인 Y에게 유기견 자원봉사단체가 총무를 맡아달라고 부탁한 것은 1년 전 일이다. 원래 약자를 돌보고 부지런히 사는 것이 인생의 가치라고 생각한 Y는 흔쾌히 그 일을 시작했다. 월급이 생기는 일은 아니지만 좋은 일이라는 생각에 직장인만큼이나 열심히 뛰어다녔다. 그러나 시간이 지날수록 어쩐지 지쳐가기만 한다. 이유는 회원들의 뒷소리가 너무 많아서다.

쥐꼬리만 한 활동비를 제대로 썼냐 못 썼냐를 시작으로 왜 그 시간에 모이냐, 효율이 있네 없네, 관리가 엉망이라는 등 끝도 없는 수근거림에 질려 나가떨어질 정도였다. 가만히 살펴보니 부정적인 언론을 조장하는 W가 문제였다. 언제나 사람들을 휘두르며 불평과 불만을 전염시키는 그녀 때문에 Y의 고민은 깊어만 간다.

이들은 왜 힘들고 불행하다 느낄까. 자신을 둘러싼 관계가 어렵기 때문이다. 그 관계 안에 있는 사람들을 내 그릇에 담을 수 없는 데서 문제는 시작된다. 우리는 살면서 늘 크고 작은 사람들의 문제로 수없는 갈등을 겪는다. 그러나 잘 생각해보면, 사람을 품는 그릇의 크기만 키울 수 있다면 우리가 느끼는 어려움 중에 많은 부분이 해결된다. 사람 그릇을 키우는 성숙한 마음습관은 어떤 것일까?

버릴 것은 미련 없이, 과감하게 버려라

물건을 정리하고 나면 공간이 확 넓어짐을 느낀다. 정리를 하려면 버릴 것은 과감하게 버리는 것이 우선이다. 사람의 마음도 마찬가지다. 마음을 넓혀야 결국 사람 그릇이 커진다. 그리고 마음을 넓히려면 필요 없는 것은 정리하고 버릴 줄 알아야 한다. 지나간 일에 대한 원망과 후회, 내가 어쩔 수 없는 일에 대한 미련, 의미 없는 것에 대한 욕심, 타인을 내 마음대로 변화시킬 수 있다는 착각…. 이런 것들이 대표적인 버려야 할 품목들이다.

P가 남편을 자신의 그릇에 넉넉히 담지 못하는 까닭이 여기에 있다. 이미 실패한 사업에 대해 남편을 원망하는 마음, 왜 그때 못하게 말리지 않았을까 하는 후회, 이미 손해본 돈에 대한 미련을

버리지 않는 한 사랑하는 이를 다시 넉넉히 품기 어렵다.

지킬 것은 단단하게 지켜라

━━━━━ "인생관이 뭡니까?"라고 나이 든 사람에게 물어도 대답을 못 하는 경우가 많다. 그러나 나이가 들수록 나의 가치관, 인생관은 명확하게 만들어놓아야 한다. 무엇을 결정할 때, 사람들과의 관계에서 문제가 생겼을 때, 나만의 지표가 있어야 흐트러지지 않기 때문이다.

Y가 힘든 이유도 따져보면 자신의 가치관이 제대로 정립되지 않았기 때문이다. 타인의 왜곡된 시선이나 루머에 감정이 휘둘려서 원래 본인의 목적인 유기견에 대한 헌신과 더 좋은 세상을 만드는 데 기여하겠다는 가치를 잊은 것이다. 만약 Y가 세상을 사는 지표 중에 '인생의 가치를 지키기 위해 사소한 장애물은 기쁘게 무시한다'는 항목이 있다면 루머를 퍼뜨리는 사람을 가볍게 웃어넘길 수도 있지 않을까.

자신의 가치보다는 자신이 뒤집어쓸 왜곡된 평가에 집중하면 결국 마음이 힘들고 흔들린다. 자신에게 가장 중요한 것이 무엇인지 정확히 알고 단단히 지킬 줄 알게 되면 그야말로 사소한 것은 무시할 수 있다.

그런 담대함으로 자신을 지키는 것이야말로 지혜로운 일이다.

사람이 다 다르다는 것을 인정하라

━━━━━ 　사람들이 사는 모양새는 참 다양하다. 누구는 맞고 틀리고의 문제가 아니다. 그냥 다양한 거다, 세상은. 그것을 알면 알수록 보이지 않는 부분이 보이고, 많은 일을 이해할 수 있게 된다. 세상의 다양한 면을 일부러라도 보기 시작하면 내가 아닌 낯선 사람을 인생이라는 무대 위 주인공처럼 따뜻하고 감탄스럽게 바라볼 줄 아는 사람이 될 수 있다.

직장에서나 학교에서 또는 지역 커뮤니티에서 '어쩜 저렇게 이상한 사람이 있을까' 싶은 누군가를 만나게 되기도 한다. 정확히 말하자면 이상한 것이 아니라 다양하고 다르다고 해야 맞다. 누군가를 바라볼 때 입장을 바꿔서 저 사람이 바라보는 나도 그리 다르지 않을 거라는 정도로 마음을 느슨하게 열어놓는 것만으로도 사람의 겉모습이 아닌 이면을 들여다볼 준비가 된 셈이다. 보이지 않는 저 안쪽까지 시선을 주고 알아봐주는 마음이 있어야 결국 사람을 넉넉히 품을 수 있다.

사람을 품는다는 것은 나이가 많고 적음이나 상황이 좋고 나쁨의 문제가 아니다. 내가 얼마나 큰 그릇을 가졌느냐의 문제다. 다

행인 것은 사람을 품는 그릇의 크기는 타고나는 게 아니라는 사실이다. 사람을 넉넉히 품는 사람이 되고 싶다는 마음만으로도 충분히 내 그릇을 키울 수 있다. 버릴 것과 지킬 것을 구분하는 마음, 보이지 않는 그 사람의 이면을 애정 어린 눈으로 보는 노력을 서툴지언정 자꾸 시도할 때 점점 더 커지는 자신의 그릇을 기대할 수 있을 것이다.

인간관계 달인이 되는
마음습관
다섯 가지

사람 고생하는 팔자가 따로 있다고 한다. 별스러운 시집 식구 때문에 평생 기 한 번 못 펴고 마음에 상처를 입으며 사는 며느리나 매번 사이코패스가 울고 갈 직장 상사를 만나 원형 탈모증에 우울증까지 겪는 직장인, 특별히 뭘 잘못하는지도 모르겠는데 어딜 가든 은근히 따돌림을 당하는 사람들이 대표적이다.

정말 그런 팔자가 있는지는 모르겠다. 세상을 살다 보면 누구라도 사람들과 부딪히며 멍투성이가 되기 때문이다. 그럴 때 팔자 탓을 하기보다는 인간관계 기술을 익히고 시도하면서 충분히 상황을 반전시킬 수 있다. 인간관계 때문에 인생이 피곤해지지 않으려

면 스스로 마음을 훈련해서 그 관계를 잘 운용하는 달인이 되도록
노력하는 수밖에 없다.

누구도 내 마음 같지 않다

━━━━ 사람은 모두 불완전하다. 지구상에 사람이 80억 명 있
다면 누구 하나 예외 없이 다 다르다. 그렇기 때문에 사람은 존귀
하다. 그런데 우리는 자주 내 생각을 기준 삼아 남을 판단하고, 틀
렸다고 말하고, 분개한다.

동문회 자리에서 처음 본 후배에게 이런저런 충고를 했다고 치
자. 그런데 그 후배가 "저는 그렇게 생각하지는 않습니다."라며 반
론을 제기한다. 그렇다고 '요즘 것들은 뭐 저렇게 예의가 없냐'고
흥분할 필요 없다. 선후배의 관계와 태도에 대해 내 잣대를 들이대
는 것은 의미 없다. 요즘 젊은 층은 누구에게나 자신의 의견을 당
당하게 말하는 세대로 이해하면 그만이다.

퇴직한 선배에게도 후배들은 현직에 있을 때와 똑같은 대접을
해야 할까? 나는 그게 도리라고 생각할지라도 그들은 그렇게 생각
하지 않을 수 있다. 만나고 돌아오는 길에 섭섭한 마음 한가득 출
렁거려봐야 나만 초라해지고 후배들과의 관계만 멀어질 뿐이다.
누구도 내 마음 같지 않고 다 다르다는 겸손한 마음이 장착되어 있

어야 인간관계에 유리하다.

사람은 저마다 그릇이 다 다르다

━━━━━ 　결혼을 후회하는 비중은 남성보다 여성이 높다고 한다. 2013년 인구보건복지협회가 조사한 바에 따르면, 다시 태어나면 현재의 배우자와 결혼하겠냐는 질문에 여성의 81퍼센트는 아니라고 답했다.

　자신이 선택한 결혼이지만 후회하는 이유는 뭘까? 바로 배우자의 그릇을 자꾸 오해하기 때문이다. 흔한 예로 옆집이나 친구 남편과 비교를 시작한다. 누구는 연봉이 1억이 넘는다는데 왜 당신은 지금도 쥐꼬리냐, 남들은 주말에 와이프랑 운동이나 쇼핑을 즐기는데 왜 당신은 TV와 소파에서 떨어질 줄 모르느냐…. 한번 꼽아보라고 하면 배우자에 대해 불만스러운 부분을 랩처럼 쏟아낼 것이다. 바로 이 점이 사람 그릇에 대한 오해다.

　사람의 그릇은 '사이즈'가 다 다르다. 나와 관계된 누구라도 '저 사람의 그릇은 저만큼이구나'라고 인정해주는 것이 그와의 관계를 평탄하게 한다. 상대방의 그릇이 간장 종지만 하다는 사실을 인정하고 싶지 않을 때도 수긍해야 평화가 온다. 종지보고 갑자기 냉면 그릇처럼 되라고 우겨댄들 사이만 틀어질 뿐이다.

내 인생의 주인공은 나일 뿐 타인이 아니다

▬▬▬ 　 타인의 평가나 생각에 목숨을 거는 사람이 의외로 많다. 직장에서도 마찬가지다. 좀 인정을 받는다 싶으면 하늘을 훨훨 날 듯한 기분이 들다가, 어쩌다 힐난이라도 들으면 퇴사를 고민할 정도로 흔들린다. "요즘 마음이 편한가 봐."라는 직장상사의 한마디에 '왜 그런 말을 했을까, 일을 안 하고 있어서 불만인가, 내가 찍혔나…' 고민하며 밤새도록 기억을 난도질하고 퀭한 얼굴로 출근한다.

타인을 무시하며 살 수는 없다. 그러나 남의 말이나 평가는 내가 겸허해지면서 더욱 발전하기 위해 참고하는 정도면 충분하다. 그들의 생각이 내 인생을 쥐고 흔들게 내버려둬서는 안 된다. 차분하고 단단하게 중심을 잡고 내가 나 자신을 어떻게 생각하는지에 집중하자. 아이러니하게도, 남들의 시선에 일희일비하지 않아야 남들과 좋은 사이를 오래 유지할 수 있다.

베풀고 살아야 남는 장사

▬▬▬ 　 친구들 모임에서 공짜로 얻어먹었다고 좋아하는 사람, 힘든 후배를 위해 N분의 1로 돈을 모으는데 운 좋게 나 혼자 빠졌

다고 기뻐하는 사람, 적은 돈이라도 손해를 보면 얼굴 빛부터 싹 달라지는 사람은 일반적으로 남들과의 관계가 그리 돈독하지 못할 확률이 높다.

아침에 자주 고구마를 쪄 와서 동료들과 나누는 K가 있었다. 선배들은 "6·25 전쟁 재연이냐? 왜 구황작물을 못 먹여서 난리야?"라고 농담을 해가며 고구마를 먹었다. 그 고구마는 아침을 못 먹고 다니는 동료들을 위하는 K의 마음이었다. 그게 20년도 전의 일인데 아직도 직장생활을 생각하면 떠오르는 장면이다. K는 누구와도 원만하게 잘 지내고 인기 있는 동료였음은 물론이다.

K처럼 남들과 뭔가를 나누는 것이 기쁨인 사람들이 있다. 이런 사람들의 또 다른 특징은 웬만한 남의 잘못에는 '에이 괜찮아, 그럴 수도 있지, 무슨 죽을 죄라고, 살다 보면 그럴 수도 있는 거 아닌가'라고 생각하며 가볍게 넘긴다는 것이다. 모든 것은 결국 나를 위해서다. 베푸는 것도, 괜찮다고 용서하는 것도. 타인을 향해 따뜻한 시선을 가질 때 절로 좋아지는 것이 바로 사람 사이다.

자주 입장을 바꿔보는 습관

━━━ 내가 아는 사람들 중에 가장 센스 있는 대화법을 가진 사람은 바로 우리 엄마다. 대화법 강의를 하는 내가 수많은 책과

자료를 뒤져 만들어낸 강의 이론을 엄마는 이미 평소에 사용하고 있다. 마치 '그걸 꼭 말해야 아냐'는 듯이.

센스 있는 엄마의 말하기 원칙 중 하나는 쓸데없이 상대의 기분을 상하게 하지 않는다는 것이다. 70대인 엄마와 친구들은 대화를 할 때 자식들 이야기를 가장 많이 한다. 남이 자식 자랑을 하면 엄마는 아주 작은 일이라도 한술 더 떠서 감탄해준다.

"너는 얼마나 좋으냐, 아들이 그렇게 살가운 성격이니!"

그중에서도 최고는 자랑이 아니라 자식들의 흉을 보며 집이 무너질 듯 한숨 쉬고 눈물짓는 경우다. 혼자 사는 엄마가 죽었는지 살았는지 전화 한 번 안 하는 무심한 딸, 사흘이 멀다 하고 애원하며 사업 자금을 요구하는 아들…. 어디에도 있을 법한 부족한 자녀에 대해 친구들이 한탄할 때면 엄마는 끝까지 그 자녀들을 두둔한다.

"아이들이 오죽 바쁘면 연락도 못 할까. 다들 제 앞가림 하느라 그렇겠거니 생각해.""네 노후 자금만 빼놓고는 자식들 거들어주면 좋지. 없어서 못 거들어주는 사람도 많은데, 얼마나 감사하냐. 고생 많았으니 이제 곧 성공하겠지. 원래 걔가 똑똑했잖아."

이런 말은 상대의 마음을 읽기 때문에 가능하다. 부모란 원래 자기는 자녀 욕을 하더라도 상대는 내 아이들 편을 들어줘야 오히려 위로를 받는다. 같이 흥분하면서 내 아이들을 욕하면 기분만 나쁘다. 내 아들딸을 남이 욕하는 거 듣고 좋아할 사람이 어디 있느냐는 것이 엄마의 논리다. 엄마는 늘 상대의 입장에서 이야기를 듣기 때문에 이렇듯 '듣는 품격'이 있다. 그래서 엄마의 인간관계는 신뢰도가 높고 친밀하고 다정하다. 입장을 바꾸고 생각하는 습관이 그 관계를 평화로운 강처럼 지킨다.

화날 때 프로다운 감정 표현

"나는 꼭지가 한번 돌면 물불 안 가려. 못 참아."

이런 말을 아무렇지도 않게 하는 사람이 있다. 특히 직장에서 직위가 높은 사람이나 오너들 중에 공식, 비공식 가리지 않고 자신의 성질을 마음껏 발산하는 사람이 많은 걸 보면, 화를 내는 것을 자신의 파워 자랑쯤으로 생각하는 사람도 있는 듯하다. 화를 내뿜어서 주변을 불편하게 하는 것이 창피한 일이 아니라고 생각하는 부류다. 그러나 성인이 되어서 자기 감정을 잘 컨트롤하지 못한다는 것은 명백히 부끄러운 일이다.

내게 직접적으로 화를 내는 경우는 물론, 나와 관계는 없어도, 남이 화 내는 걸 옆에서 보는 것만으로도 기분이 상하고 오물을 뒤집어쓴 느낌이 들 수 있다. 그래서 화를 벌컥 잘 내는 사람은 주변 관계 역시 원활하지 않은 경우가 많다. 좋은 감정을 가지고 있다가도 한번 화내는 꼴을 목격하면 오만 정이 떨어지게 마련이다.

　외양으로 드러내는 감정이 그 사람의 인격을 나타내는데 그런 사람은 그야말로 "나는 수준이 매우 떨어지는 인간이에요. 그러니 모두 저를 피하세요."라고 자백하는 꼴이다. 그래서 벤저민 프랭클린은 "분노로 시작한 것은 부끄러움으로 끝나기 마련."이라고 했다. 관계를 잘 살리려면 나의 부정적인 감정을 다스리는 일이 영순위가 되어야 한다. 어떻게 해야 화날 때 내 감정을 프로답게, 품격 있게 표현할 수 있을까?

일단 멈춤

　누구나 화를 참을 수 없는 포인트가 있다. 집에서나 밖에서나 문제를 의논하자는데 변명만 늘어놓는 상대를 보면 울화가 치민다. 그러나 화가 치솟는 순간 무조건 일단 멈추는 것은 매우 유익하다. 그 자리에서 아무 말도 없이 그저 멈춰 있거나 화가 난 현장을 떠나서 주의를 환기하는 것이 도움이 된다. 차를 마시거나 손을 씻거나 잠시 주변을 걷다 보면 감정의 소용돌이가 가라앉는 것을 느낄 수 있다.

그럴 수도 있지 뭐

퇴근길에 들른 마트에서 유난히 불친절한 직원, 지시한 일에 대해 불손한 변명을 해대는 후배, 몇 번이나 부탁했으나 늘 일정을 어기는 거래업체…. 생각할수록 화가 나지만 한발 물러나 보면 그리 중요한 일은 아니다. 누구나 알고 보면 저마다의 사정을 한 보따리씩 품고 있다. 다만 남의 일이니 무심하게 넘기거나 외면할 뿐이다.

'이게 죽고 살 일은 아니잖아?' 매사에 이렇게 생각하면 심각한 일은 거의 없다. 대부분 사소하고 작은 일이며, 해결 가능하다. 핏대 세워 길길이 뛰어봐야 나만 우스워진다. 세상 일 중에 '절대'라는 범위는 매우 작다. 거의 없다고 봐도 된다. 대부분은 사소하고 자잘한 일들이다. 그렇게 생각하면 화가 덜 난다. 생각하기 나름이다. 세상에는 '그럴 수도 있는 일'들이 널려 있을 뿐이다.

내게도 같은 기준인지 따져보기

솔직히 우리는 자신과 타인에게 지나칠 만큼 다른 기준을 적용한다. 내가 시간 약속을 늦으면 '어쩌다 한 번'이라고 말하지만 상대가 늦으면 예의 없다고 비난한다. 거래처에서 메일을 잘못 보내면 프로답지 못하다는 둥, 남에게 민폐를 이렇게 끼치는 사람은 '극혐'이라고 거품을 물면서 내가 잘못 보내면 격무에 이 정도 실수는 할 수 있는 거라고 합리화한다. 그러므로 내게도 같은 기준인지를 따지다 보면 화내고 비난할 일도 슬그머니 없어지는 경험을 하게 된다.

대세에 지장 없음

명백히 잘못하고도 사과는커녕 아무 일도 아니라는 식으로 오리발을 내미는 사람들이 있다. 그런 사람을 보고 화를 내봐야 나만 손해다. 돈 거래는 하지 않는다는 원칙은 있지만 워낙 다급하게 도와달라는 친구에게 배우자 몰래 돈을 빌려준 적이 있다. 하늘이 두 쪽 나도 일주일 안에 갚겠다고 통사정하던 친구가 "일이 좀 늦어지네. 한 달만 더 쓰자. 친구 좋다는 게 뭐냐, 하하하!"라고 하곤 전화를 끊어버렸다. 실화다!

약속을 잘 안 지키는 사람이라는 게 감지되면 화를 내기보다 내 방식을 바꾸는 게 낫다. 특히 작은 규모의 자영업을 하는 경우라면 상대가 비즈니스 약속을 조금만 어겨도 크게 타격을 입을 수 있다. 이때는 마감 기한을 훨씬 더 빠르게 잡아서 한두 번 약속을 어겨도 내가 지장을 받지 않게끔 조정하는 것도 요령이다.

그다지 중요한 일도 아닌데 상대의 고의든 실수든, 그에 따라 내 감정을 출렁여봤자 나만 손해다. 화가 나는 상황에서 대세에 지장이 있는지 따져봤을 때 그렇지 않다고 판단되면 사실 화가 많이 가라앉는다. 그러므로 감정적으로 판단하기보다 실리적인 면을 기준으로 판단하는 습관을 들이면 도움이 된다.

직장에서의 상황을 한번 예로 들어보자. 기껏 밀어준 후배가 진급을 하고 나서 바로 경쟁사로 이직을 했다. 알고 보니 진급 이전부터 이직이 예정되어 있었다고 한다. 순간 뒤통수를 맞았다는 배신감에 화가 머리끝까지 뻗친다. 하지만 배은망덕하다고 면전에 대고 욕을 해봐야 소용이 없다. 경쟁사로 이직한 것은 괘씸하나 그야말로 대세에 지장 없다는 것을 파악하는 순간 별거 아닌 일이 된다. 화를 내서 상대를 적으로 만들어봤자 내게 무슨 이익이 있는지 판단하는 것도 화를 삭히는 좋은 방법이다.

화가 날 때 지켜야 할 말하기 원칙

공공장소, 일터, 가정 등 어디에서라도 불쾌한 상황에 맞닥뜨릴 수 있다. 똑같이 화가 나는 상황이라도 어떤 사람은 성숙하게 대응하는가 하면, 어떤 사람은 후회할 대응을 한다. 말해놓고 왜 그랬을까 후회하며 때늦은 수습에 애쓰지 않으려면 화날 때 인간관계를 해치지 않고 말하는 원칙 두 가지를 미리 기억해두자.

첫 번째 원칙은 '가감 없이 사실만 말하기'다. 편의점에서 직원에게 물건을 찾아달라고 요청했는데 마냥 휴대전화만 들여다보며 "거기 있어요."라고 퉁명스럽게 대답한다면? 화가 나더라도 사실만 이야기하는 것이 중요하다. '왜 그렇게 불친절하냐'고 컴플레인을 하는 게 아니라, '내가 요청을 했고, 마침 손님이 없고 바쁘지 않은데 왜 대응을 하지 않느냐'고 말하는 것이다. 눈에 보이는 사실 그대로만 이야기하자고 마음먹으면 화가 감정적으로 증폭되지 않는다.

회사에서도 마찬가지다. 직원에게 업무를 지시를 했는데 영 못마땅한 듯 입을 잔뜩 내밀고 있다. 화가 치밀어 한마디 던진다고 하자.

"○○씨, 표정이 왜 그래? 무슨 불만 있어?"

"제가요? 아닌데요?"

이런 대화가 오가면 말을 꺼낸 사람이 괜한 시비를 걸었다고 오해받기 쉽다. 이럴 때일수록 감정은 덜어내야 한다. '표정이 좋지 않은데 업무 지시에 이견이 있으면 말해보라'라고 팩트만 이야기하는 것이 좋다.

두 번째 원칙은 다른 사람의 생각과 당위성을 언급하는 대신 자신의 생각만을 이야기하는 것이다. 이것 또한 냉정을 유지하는 데 도움이 된다. 예를 들어, 부부 간에 불화가 있다고 하자. 남편은 아내가 시집 식구들에게 무심하다고 생각한다. 이때 자신의 생각만으로 한정해서 말하는 것이 중요하다. '나는 당신이 어머니께 안부 전화를 전혀 하지 않는 부분이 마음에 걸린다. 적어도 일주일에 한 번은 전화를 드렸으면 좋겠다. 부탁한다'고 담백하게 내 생각을 말하는 것이다.

그렇지 않고 '며느리가 되어 가지고 안부 전화는 기본 아니야'라는 식으로 당위성을 주장하거나 '어머니가 얼마나 괘씸하게 생각하시겠어'라는 식으로 다른 사람의 생각을 언급할 필요는 없다. 이런 말은 상대가 마음을 닫고 감정을 부정적으로 증폭하게 만들 뿐이다.

이처럼 화가 나도 지켜야 할 말하기 원칙을 놓치지 않으면 내 감정도 상대의 감정도 충분히 방어할 수 있다.

제2장

관계의 내공이 깊어지는
소통의 기술

진정으로
말 잘하는
사람의 기본

"저 사람은 말을 참 잘해."라는 칭찬은 구체적으로 어떤 의미일까? 남들 의견에 조목조목 논리정연하게 반박해서 말문이 딱 막히게 하면 말을 잘한다고 할까? 화려한 언변과 유머로 좌중을 들었다 놨다 하면 말을 잘하는 걸까? 그것만으로 말 잘하는 사람으로 인정하기에는 뭔가 부족하다.

진정한 말 잘하는 사람의 의미는 상대의 마음을 흔들 줄 아는 사람이다. 내가 하는 말이 그 사람의 마음을 열고 설득할 수 있어야 진짜 말을 잘한다고 할 수 있다. 그 조건은 달변도 아니고 논리도 아니다. 아이러니하게도 말 이외의 조건들이 팀을 이뤄 경기를 하듯 조화를 이루어야 비로소 말을 잘할 수 있게 된다. 나는 과연 말을 잘할 수 있는 기본기를 갖추고 있는가. 다음 여섯 가지 체크 사항들 중 나는 얼마나 갖추고 있는지 체크해보자.

시작은 긍정적 태도

━━━━━ 웃는 얼굴은 누구도 거부할 수 없는 마법이다. 사람을 만나면 자연스럽게 먼저 웃는 사람이 있다. 이런 사람은 말을 잘할 확률이 높다. 첫 번째 조건을 충족했으니 그렇다. 웃는 얼굴과 긍정적인 태도로 시작점을 장악하면 대화를 주도할 수 있다. 그렇기 때문에 상대가 무리한 부탁을 할 경우에도 처음에는 무조건 긍정의 말로 시작해야 한다.

예를 들어, 친구가 자신의 아들을 남편 회사에 취직시켜달라는 부탁을 막무가내로 해올 경우 "아휴, 내가 뭘 알아, 난 그런 말 못 해. 요즘 직원 뽑는지도 모르고."라며 질겁하고 손사래 칠 일이 아니다. 친구의 부탁에 긍정적으로 공감하는 것이 첫 번째 태도다.

"요즘 취업이 어렵지? 네 아들도 예외가 아니구나. 마음고생이 심하겠다."라는 식의 공감을 먼저 보인 후 남편 회사의 직원 모집에 대해서는 잘 아는 바가 없으니 확인해서 알려주겠지만 채용에 관한 회사 규정이 있으니 내가 특별한 도움이 되어주지는 못한다는 사실을 차분히 설명하면 된다. 똑같은 이야기라도 초반에 어떻게 반응하느냐에 따라 관계가 깨질 수도, 원만해질 수도 있다.

비언어의 위력

▬▬▬▬ 언어와 비언어가 합쳐져야 비로소 온전한 '말'이 된다. 사람은 감정의 동물이기 때문에 기계처럼 정보를 언어로만 전달하지는 않는다. 눈빛, 몸짓, 태도, 목소리, 미소… 이런 모든 것이 언어와 합쳐져 의미를 전한다. 그래서 비언어가 언어만큼 중요하다. 비언어적인 측면에 있어 나쁜 습관을 가지고 있는 사람이 고치려는 노력조차 없으면 언어 구사력은 좋다 한들 말에 힘이 없다.

친한 사람일수록 더 조심해야 한다. 배우자가 뭔가 말을 하는데 신문이나 텔레비전에 눈을 고정한 채 "말해. 듣고 있어."라고 한다면 빵점짜리 대화 방식이다. 눈을 맞추고 상대에게 몸을 돌려 '나는 당신과 이야기할 준비가 되어 있습니다'라는 사인을 보내는 것이 비언어의 기본이다.

상대의 말을 끊지 않는다

━━━━━━ 예전에 직장생활을 할 때 별명이 '그게 아니고요'인 직원이 있었다. 오죽하면 그렇게 불렀을까. 그 친구는 상사든 동료든 누가 말만 하면 "그게 아니라." "그건 아니고요."라고 남의 말을 자르며 자신의 말을 시작했다. 그야말로 당신 말은 틀렸고 내 말이 맞다는 태도의 전형이었다.

　남의 말에 반대하고 싶을 때가 있다. 상대 말이 끝나기를 기다리지도 못할 만큼 입이 근질근질하기도 하다. 그래도 말 잘하는 사람은 참는다. 단순히 상대에게 예의를 차리느라 입 다물고 있는 것이 아니다. 말 잘하는 사람들은 조용히 듣는 동안 속으로 자신이 무슨 말을 할지 정리한다. 상대에게 반박하기 위한 논리 정연한 스토리를 머릿속으로 하나, 둘, 셋 알아듣기 쉽게 메모하는 시간이다. 그래서 남의 말을 끝까지 듣는 사람들이 말을 잘한다. 말을 잘하는 데는 다 이유가 있는 법이다.

잘 듣는 사람이 말도 잘한다

━━━━━━ 말주변이 없다고 고민할 일이 아니다. 말주변이 없어도 말을 잘할 수 있는 비결이 있다. 바로 제대로 듣는 것. 상대가 말

78

을 할 때 마치 우주에 당신과 나 단둘밖에 없다는 듯 상대에게 집중하여 듣는다면 이미 그 대화는 내용과 관계없이 성공할 확률이 매우 높다. 미국의 사학자 재러드 스파크스Jared Sparks 는 "말한다는 것은 이미 아는 것을 반복하는 것이지만, 듣는다는 것은 종종 뭔가를 배우는 것이다."라고 말했다. 듣는다는 것은 그처럼 중요하다.

상대에게 오롯이 집중하면 저절로 진실된 리액션을 보일 수 있다. 상대의 이야기 내용에 따라 함께 안타까운 표정이나 기쁨에 찬 감탄사, 관심을 듬뿍 담아내는 질문 등이 대표적인 리액션이다. 상대가 말을 할 때는 상대의 말을 분석하고 판단해서 섣부르게 자신의 의견을 강요하거나 조언하지 않는 것도 '잘 듣는 귀'의 기본 조건이다.

칭기즈칸은 "내 귀가 나를 가르친 스승이다."라고 했다. 경청, 즉 잘 듣는 것이 관계의 핵심임을 기억하자. 최악은 나는 내 이야기만 하고 상대방도 자기 이야기만 하는 것이다. 제대로 듣는 것이 대화의 시작이다.

상대의 마음을 흔드는 언어

━━━ 상대를 설득하고 공감이 가게끔 말해야 제대로 말하는 것이다. 그런 언어는 무기와도 같고, 그 언어를 내가 얼마나 제대

로 활용하느냐에 따라 말에 힘과 의미가 생긴다. 상대에게 용기와 위로가 되는 말은 어떤 것일까. "나는 너를 믿는다."라든가 "당신이 최고야."라는 말은 고래도 춤추게 한다. 종일 일에, 사람에 치여 풀죽은 친구를 저녁 무렵 만나 "괜찮아, 충분히 잘하고 있어."라고 어깨 툭 치며 건네는 말이 바로 마음을 흔드는 언어다. 말은 타이밍이다. 정확한 때에 상대를 위로하거나 용기를 내게 하는 한마디가 바로 말을 잘하게 하는 비결이다.

말의 자신감을 키우는 혼잣말 연습

━━━ 말을 잘하는 또 다른 바탕은 바로 자신감이다. 자신 없이 말꼬리를 흐리는 사람을 말 잘한다고 생각할 사람은 없다. 그렇다고 없던 자신감이 하루아침에 저절로 생기지도 않는다. 그럼 어떻게 해야 할까? 혼잣말로 연습하는 것을 추천한다. 혼잣말 연습에는 두 가지가 있다.

하나는 하지 말아야 할 말을 의식적으로 걷어내는 것이다. 평범한 직장인이었던 사람이 유튜브로 성공하거나 베스트셀러 작가가 된 스토리를 흥미 있게 보면서도 '난 원래 저런 거 못해'라고 혼잣말을 했다고 하자. 또는 실수나 잘못을 했을 때 '아이고, 이 멍청아'라며 자책하는 경우도 있다. 이것이 의식적으로 걷어내야 할 혼잣

말이다. 이제부터는 자신을 탓하거나, 해보지도 않고 못하는 사람으로 자신을 한정 짓는 말습관을 버려야 한다.

다른 하나는 그야말로 혼자 중얼거려보는 것이다. 자신감이 붙는 말을 중얼거리다 보면 정말 자신감이 생긴다. "해보지 뭐, 못 할 게 뭐야, 잘할 수 있어." 같은 말들을 중얼거려보자. "거봐, 된다고 했지, 파이팅!" 마치 운동선수가 경기를 시작하기 전 스스로에게 기합을 넣고 파이팅을 외치는 것과 같은 방식이다. 내가 나를 응원하면 자신감이 붙는다. 그것도 습관적으로 해야 한다. 점점 더 자신감이 붙으면 말에도 힘이 생기고 윤기가 흐른다. 에너지가 있는 말은 다른 사람의 귀에 쏙쏙 박힌다. 그러므로 말에서 에너지가 느껴지는 사람이야말로 말 잘하는 사람이다.

말 섞으면
기분 상하는
사람의 특징

모처럼 모임에 나가 이야기를 나누고 왔는데 집에 오는 내내 마음이 안 좋을 때가 있다. 또는 아주 즐겁게 회식을 하고 친한 동료끼리 따로 2차를 갔는데 오히려 거기서 좋았던 기분이 사라지는 경우도 있다. 왜 그럴까? 함께 이야기한 사람 때문이다.

몇 마디 말만 섞으면 피곤해지거나 기분 상하는 사람들이 있다. 그런데 정작 당사자는 자신이 남의 기분을 상하게 하는지 모른다는 게 문제다. 누구나 무심결에 한 말로 상대의 기분을 상하게 하는 경우가 있다. 이것만 싹 걷어내도 말을 참 잘하는 사람, 인간관계를 잘 다루는 사람이 될 수 있다. 남의 기분을 상하게 하는 말습관을 살펴보고 나한테 해당하는 게 있는지 생각해보자. 있다면 당장 고치는 것이 좋다.

언제나 주인공은 나야 나

━━━━━　　회사에서도 친구들과의 모임에서도 항상 대화의 중심에 서야 직성이 풀리는 사람이 있다. 이야기의 중심에 자신이 서야하고 화제가 자신에게 집중되지 않으면 짜증을 내거나 지루해한다. 직장에서는 주로 직급이 높은 사람들이 그런 경향이 강하다.

　회식을 한다고 직원들을 모아놓고는 부장님이나 팀장님의 원맨쇼가 시작된다. "나 때는 말이야."로 시작해서 옛날에는 까라면 까고 기라면 기고, 맞으면서 근무했다느니, 대체 어느 시대 이야기인지 모를 소리에 부하직원들은 고개를 빠르게 끄덕이며 중간중간 감탄사를 내뱉는다. 도저히 '아재개그' 레벨도 안 되는 썰렁한 개그에도 어쩔 수 없이 박장대소한다. 그러면 직장상사는 자신의 위트와 유머 감각에 스스로 감탄하며 이야기에 가속도를 붙인다. 옛날 무용담이 끝나면 아파트값이 천정부지로 올라 정신을 못 차리겠다며 집 없는 직원들 염장을 지르고, 인맥 자랑, 아이들 자랑까지 끝도 없이 하다가 흐뭇하게 퇴장한다.

　이러니 누가 회식을 하고 싶어 하겠는가. 고기 사주고 술 사주는

데도 마다하는 데는 원인이 있는데 이상하게 직급이 높아지면 그 간단한 이유를 모른다.

회사가 아니라도 마찬가지다. 자기 자랑에 목말라 있는 사람은 도처에 깔려 있다. 친구 모임이나 동호회에서도, 저게 자랑인가 싶은 일도 계속 떠벌리고 별거 아닌 것도 부풀려서 자랑하는 사람이 꼭 있다. 이런 사람들은 자존감이 떨어지거나 타인에게 사랑받지 못해서 그런 경우가 대부분이다. 소위 '속이 허하다'고 할 때가 있는데 이들은 영혼이 허한 셈이다.

사랑받으며 정서적으로 안정된 사람은 일방적으로 자기 자랑을 하지 않는다. 남이 자기 자랑하는 걸 들으면 피곤하다. 물론 일일이 장단을 맞춰주는 마음 넓은 사람들이 있지만, 그렇다고 해서 자기 자랑만 한 사람이 모임을 끝내고 돌아갈 때 행복할까. 꼭 그렇지만도 않다. 혼자 억지로 주인공이 된 사람 역시 허무하다. 결국 누구에게도 이롭지 않은 대화법인 셈이다.

대화 상대 무시하기

━━━ 무시당했다는 느낌처럼 사람을 적으로 돌리는 경우는 없다. 대화를 할 때, 남이 말하는데 끼어들거나 남의 말을 듣지 않는 경우가 많다. 예를 들어, 말하는데 리액션이 없거나 딴짓을 하

면서 대충 듣는 경우가 있다. 나는 진지하게 이야기하고 있는데 생
뚱맞게 "그거 알아?"라고 하면서 맥락 없이 자기 얘기를 꺼내는 사
람도 사람 속 터지게 하는 스타일이다. 인간관계의 기본은 배려와
존중인데 이 선을 넘으면 누구라도 기분이 상한다.

반말을 습관처럼 하는 사람도 말 섞으면 기분 나빠지는 대표 케
이스다. 자기보다 어리다 싶으면 바로 반말로 시작하는 사람도 있
다. 회사에서도 직급 어린 사람에게는 언제 봤다고 바로 반말을 하
고 "공채 몇 기야? 몇 학번이야?"라는 질문을 시작으로 당연한 듯
이 반말을 장착하는 경우도 비호감이다.

남의 약점을 꼬투리 삼아 놀려대고 무시하는 말버릇도 있다. 상
대가 들으면 기분 나쁠 만한 사람이나 캐릭터와 닮았다고 놀린다
든가, 상대가 약점으로 힘들어하는 부분을 꼭 집어 놀리듯 비꼬다
가 기분 상하면 "에이, 농담인데 그걸 다큐로 받냐?"면서 속이
좁다고 2차 가해를 즐기는 사람도 있다. 이런 행동은 상대를 깎아
내림으로써 자신을 돋보이게 하고 싶은 어리석은 심리에서 비롯
된다.

지적하고 가르치는 말버릇

—— "〈사랑의 불시착〉에서 현빈 너무 멋있지 않냐?"라고

하면 "넌 나이가 몇인데 아직도 드라마 타령이야?"라고 면박 주는 친구가 있다. 늘 자기 말만 옳다고 생각하기 때문에 비판을 해야 상대방을 바꿀 수 있다고 믿는다. 지적하고 남을 가르치려는 습관이 몸에 배어 있는 사람의 말은 인간관계에 무익하다.

이런 사람들의 공통점은 정작 자신을 비난하는 것은 못 참는다는 것이다. 또한 이들은 남의 뒷담화에 열을 올리며, 같은 말에도 부정적인 어조가 강하다. '하지만, 그래도, 어차피, 안 돼'라는 말을 입에 달고 산다. 왜냐하면 무의식중에 일단 상대의 이야기를 부정하고 자기주장을 이어가야 스스로 돋보인다고 믿기 때문이다.

사회에서도 이런 유형의 사람과는 함께 일하기 피곤하다. 자신의 의견 말고는 다 쓸데없는 생각이고, 이미 해봤는데 안 된다고 단정 짓는데 무슨 말을 더 하겠는가. 사람이 곁에 남아나지 않는다. 부정적인 이야기는 비즈니스에 한정되지 않고 저녁 술자리에까지 연장된다. 함께 일하는 사람들의 무능함에 핏대를 올리기 시작하여 이 시국의 정치가 막장 드라마 버금간다고 개탄하는 것에 저녁 시간을 공양한다. 몇 시간을 별 영양가 없는 '말 공해'로 주변 사람들을 다 피곤하게 만든다.

침묵하는 편이 말을 뱉어내는 것보다 유리할 때가 많다. 그것을 구분해내는 것이 지혜라고 할 수 있지만 의외로 어렵다. 대부분 침묵보다야 말을 하는 것을 좋아하기 때문이다. 차라리 말을 안 하는 것이 더 유익하다 싶으면 입을 다무는 습관이 그래서 중요하다. 그리스의 역사가 디오니시우스Dionysios도 "침묵보다 나은 말을 할 자신이 없으면 침묵하라."라고 말했다. 무익한 말은 입 밖으로 내지 않는다는 기준만 지켜도 신중한 사람, 말 잘하는 사람으로 인정받을 수 있다. 인생의 지혜는 이렇게나 심플하다.

관계의
내공을 키우는
말습관

내공이 있다는 말은 아무에게나 쓰지 않는다. 특히 인간관계에 있어 내공이 있다고 말할 수 있으려면 여러 어려운 조건을 갖춰야 한다. 그중에서도 어떻게 말하느냐가 가장 큰 축이다. 말 한마디로 관계를 깨기도 하고 관계를 회복시키기도 한다. 천 냥 빚을 갚을 수도, 경우에 따라 쪽박을 찰 수도 있다. 관계를 더 견고히 만들기 위한 말습관은 그래서 중요하다. 어렵지만 피해 나갈 방법이 없으니 익혀야 하는 숙제다.

관계를 유지하는 데 내공이 있느냐 없느냐를 가장 쉽게 판단하는 기준은 '갈등을 어떤 말과 태도로 해결하느냐' 하는 점이다. 갈등이나 싸움도 사실 친하지 않은 사이에서는 별반 일어나지 않는다. 주로 가깝게 붙어 있는 사람들 사이에서 싸움도 있게 마련이다. 가족들과 싸우고 일터에서 갈등한다. 이럴 때 내공이 있는 사람들은 제대로 해결하고 잘 봉합한다.

그렇다면 갈등을 넘어 관계를 공고히 다지기 위해서는 어떤 말습관을 가져야 할까?

하나의 주제에 집중하라

━━━ 우선 한 가지 주제만 가지고 싸우되 곁길로 새지 않아야 한다. 인내심을 발휘하여 잘 듣고, 치사하게 인신공격 따위는 하지 않는다. 예를 들어, 부부 중 한쪽이 친구들을 만나러 나가면 연락이 두절되는 것에 대해 싸움이 시작되었다고 하자. 감정이 격앙되고 화가 폭발하자 가사분담 문제부터 주식해서 날린 돈, 시댁에 소홀한 태도 등 모든 것을 꺼내와 싸움을 확대하는 것은 관계를 악화시키는 지름길이다.

싸움이 시작된 그 주제 하나에만 집중해야 한다. 그래야 관계가 깨지지 않는다. 친구나 형제 사이에서도 마찬가지다. 처음부터 싸우자고 덤비면서 내 얘기만 하지 당신 이야기는 듣지 않겠다고 결심한 사람은 그야말로 하수(下手)다. 이미 얼굴에 '아, 몰라 몰라, 다 필요 없어. 내 말만 할 거야'라고 쓰여 있는데 어떻게 해결이 가능할까. 무조건 입 다물고 끝까지 듣겠다는 태도만 있어도 그 싸움의 절반은 끝난 셈이다.

말이 주는 느낌을 고려하라

━━━ 나는 그런 의도로 한 말이 아니었는데 사람들이 자주 오해를 하는 것 같다고 느끼는 사람들이 있다. 원인은 무엇일까? 말의 뉘앙스, 즉 느낌을 간과하기 때문이다. 예를 들어보자. 모처럼 친구들과의 모임이었다. 때마침 머리를 단발로 자르고 난 참이었다. J는 나를 보자마자 "머리 잘랐네. 머리 자주 바꾼다."라고 했다. P는 "오~ 단발 잘 어울리는데?"라고 했다. 이 두 친구의 차이는 무엇일까. 그건 바로 '느낌'이다.

J의 이야기에서 잘못된 것은 없다. 머리가 달라졌음을 알아봤고, 머리 자른 걸 잘랐다고 팩트를 이야기했다. 그러나 J의 말만 들어서는 머리를 잘라서 어떻다는 건지 아리송하다. '머리를 자주 바꾼다'는 말이 딱히 어떤 뜻인지 상대를 찜찜하게 만든다. 무심결에라도 이런 느낌으로 말하는 사람은 관계를 지켜나가기 어렵다.

반면 P는 듣는 사람을 기분 좋게 하는 말을 던졌다. 머리를 잘랐음을 알아차렸고 잘 어울린다는 말을 덧붙였다. 이렇게 관계에 있어 중요한 것은 내용뿐만 아니라 '느낌을 어떻게 전하느냐'다.

진심이 가장 강력하다

■■■■ 분명 맞는 이야기인데 들자마자 반발심이 일어나는 경우가 있다. 이런 경우 처음부터 끝까지 듣기 싫다. 반대로 지나가는 말처럼 하는데도 마음을 흔드는 경우가 있다. 차이는 바로 '얼마나 가슴에 와 닿느냐'다. 누군가를 변화시키는 말은 얼마나 진심이 담겨 있는가로 판가름 난다.

예를 들어, 기량이 부족한 선수를 훈련한다면, 엄하게 훈련해도 선수는 코치가 자신이 그만두길 바라며 몰아붙이는 것인지, 정말 잘되기를 바라는 것인지 말하지 않아도 느낀다. 사람은 서로 마음이 통하기 때문에 저절로 알게 되는 것이 있다.

장점을 찾아서 칭찬하자

■■■■ 고등학교 때 담임 선생님의 말씀이 생각난다. '그게 누구든 나보다 낫다고 여기면 사람들과의 갈등은 줄어든다. 그러면 평화가 찾아온다'는 내용이었다. 그때는 그저 그런가 보다 했지만

세월이 흐를수록 그 말이 크게 다가온다. 확실히 좋은 말은 마음속에 씨앗이 뿌려지듯 언젠가는 싹이 트고 뿌리를 내리는 듯하다.

비록 칭찬할 만한 것이 없어 보여도 모두가 나보다 낫다고 여겨보자. 모든 면이 낫다는 의미가 아니다. 나은 점이 반드시 있으니 그것을 찾으려고 노력하라는 뜻이다. 이런 태도가 상대의 마음을 움직인다.

평범한 사람도 칭찬거리를 자꾸 찾다 보면 관계가 좋아지고, 함께 뭔가 도모하고 있는 일이 있다면 결과 역시 달라진다. 그렇지만 무작위로 하는 칭찬의 말은 독이 될 수 있다. 진심을 다하려면 관찰이라는 노력이 필요하다. 그래야 구체적으로 말할 수 있기 때문이다. 애정 어린 눈으로 지켜봐주고 아주 디테일한 부분까지 칭찬의 말을 건네면 당사자의 인생에 큰 영향을 끼칠 수 있다.

겸손의 말

━━━ 늙은 옷걸이가 세탁소에 막 들어온 새 옷걸이에게 말했다. "너는 옷걸이임을 한시도 잊지 말길 바라." 새 옷걸이가 물었다. "왜 옷걸이라는 것을 그렇게 강조하는 거죠?" "잠깐씩 입히는 옷이 자신의 신분인 양 교만해지는 옷걸이들을 많이 보았기 때문이지."

내가 모른다는 사실을 알고, 자신을 한껏 낮춰 상대의 말을 끌어내는 능력, 이것이 겸손한 사람의 힘이다. 겸손한 사람은 자신이 말하기보다 남의 말에 집중한다. 그리고 감탄한다. 남의 이야기를 드라마틱하게 들어줄 줄 아는 사람은 상대의 마음을 저절로 열게 만든다. 어떻게 관계가 좋아지지 않을 수 있을까.

나를
함부로 대하는
나쁜 관계 대처법

Y는 한마디로 표현하면 '자신만만'한 사람이었다. 학창 시절 유난히 공부를 잘했던 터라 부모님과 선생님들의 기대와 사랑을 한몸에 받았다. 대학 진학은 어른들 뜻에 고분고분 따랐다. 그래야 착한 아이의 완성이니까. 적성보다는 점수에 맞춰 경영학과에 들어가 졸업하고, 또 부모님의 뜻대로 대기업에 척하니 붙었다.

문제는 이때부터였다. 점수에 맞춰 선택한 전공에 관심도 애정도 없었기에 직장 상사의 요구와 기대에 부응하기 힘들었다. 그리고 상사의 폭언이 시작되었다. 매사에 형편없구나, 그 학교 졸업한 거 맞냐, 낙하산이냐, 머리는 뒀다 어디에 쓸 거냐….

'원래 신입사원은 이런 대접을 받는 건가' 싶었다. 폭언이 길어질수록 판단력도 흐려졌다. 오늘 하루를 최대한 욕먹지 말고 지나가는 것이 목표가 되다 보니 의욕도 자신감도, 희망도 사라졌다. 처음에는 Y를 안타깝게 생각하던 동료들도 나중에는 계속 당하는 직원, 무능한 사람이라고 생각하는 듯했다. 결국 Y는 도망치듯 퇴사했다. 함부로 대하는 상대를 이겨내지 못한 본인을 탓할 수밖에 없다는 자괴감이 그를 더 씁쓸하게 했다.

직장에서 또는 다른 사회 커뮤니티에서의 성공은 어떤 사람을 만나느냐, 그리고 그 사람들을 내가 어떻게 대하느냐에 달렸다고 해도 과언이 아니다. 그러나 살면서 어떤 사람을 만나느냐는 내가 선택하고 결정할 수 있는 부분이 아니다. 어쩔 수 없이 그렇게 되는 경우가 사회생활에서는 아주 많다. 그렇게 만난 사람이 Y가 당했듯 나를 함부로 대하는 나쁜 관계라면 어떻게 해야 할까?

춘추전국시대의 사상가 증자曾子는 "타인이 나를 소중히 여기기를 바란다면, 내가 먼저 타인을 소중하게 여겨야 한다."고 말했다. 이처럼 상대방을 어떻게 대하느냐가 중요하다.

인간관계에 지나친 에너지는 독이 된다

━━━━ 먼저 분명히 알아두어야 할 것은 사람에 대해 너무 에

너지를 소진하는 사람은 스스로를 보호하지 못한다는 사실이다. 두 가지 부류의 사람이 있다고 해보자. 한 사람은 인간관계에 둔한 편, 또 다른 사람은 대인관계에 유난히 에너지를 쏟는 편이다. 첫 번째 사람은 일에 자신의 에너지를 집중할 수 있다. 두 번째 사람은 관계에 에너지를 낭비하느라 일할 때 이미 지치고 피곤하다. 주변에 이런 일들은 흔하게 일어난다.

원만하지 않은 관계에 지나치게 에너지를 소진하는 사람이라면 다시 생각해봐야 할 기본 원칙이 있다. 일단 관계에 대한 내 생각을 정확히 세워 쓸데없이 상처 입거나 에너지를 소모하지 않겠다는 마음가짐이다. 예를 들어, 나쁜 관계는 만들지 않겠다거나 나쁜 관계에서 일방적으로 참지 않겠다는 내 원칙을 세우는 거다. 더 구체적으로, 나에게 신경 쓰는 사람에게는 나도 못지않게 신경 쓰겠지만 나에게 일부러 못되게 굴거나 무심한 사람에게는 굳이 나도 신경 쓰지 않겠다는 등의 원칙이다. 더욱이 무례한 사람에게는 똑같이 무례할 필요는 없지만 친절할 이유도 없다고 마음먹는 것이다.

예를 들어, 친구들 모임에서 별로 친하지는 않지만 반갑게 인사를 건넸는데 정작 친구 P가 시큰둥하게 받아들인다면 '아, 그런가 보다' 하는 태도가 건강하다. 나와 동일한 크기와 반가움으로 인사하지 않는다고 굳이 신경 쓰거나 분노할 필요없다. 내 에너지를 낭비하지 않겠다는 원칙이 마음근육을 탄탄하게 한다.

진심으로 도와줬던 후배가 내 뒤통수를 치는 일이 벌어졌다면 굳이 이해하고 용서하려고 애쓰지 않아도 된다. 그저 '아, 그래? 그런 일이 일어났군' 하고 단지 인지하기만 하자. 이런 마음을 먹도록 노력한다면 신뢰를 깬 나쁜 관계로부터 내가 상처 입을 일이 적어진다.

나쁜 영향을 받는 인간관계지만 굳이 정리하려 하지 않는 사람들의 심리는 뭘까? 의미 없고 형식적인 관계라도 유지하는 것이 아예 없는 것보다 낫다고 생각해서다. 언젠가는 필요하지 않을까 하는 생각, 더 많은 누군가와 연결되어 있어야 마음이 놓이는 심리 때문이다. 그러나 나를 존중하지 않거나 힘들게 하는 나쁜 관계를 정리해야 마음의 공간을 만들 수 있다. 공간이 있어야 좋은 사람들로 채울 수 있기 때문에 마음의 공간을 정리하는 것은 중요하다.

권력이나 돈, 환경을 이용해 나를 억누르고 함부로 하는 사람 때문에 스트레스를 받는다면 최우선으로 생각해야 할 것이 있다. 내가 스스로의 가치를 형편없이 평가한다면 세상도 나를 그렇게 평가할 것이라는 사실이다.

그렇다면 나쁜 관계에는 어떻게 대처해야 할지 더 자세히 알아보자.

최소한의 자기방어는 필요하다

━━━━ 우선 혹시 내가 잘못 생각하고 있는 것은 없는지 내 생각을 제대로 정리해봐야 한다. 예를 들어, '내게 함부로 하는 사람에게 대들었다가는 본전도 못 찾을 거야. 그렇게 하지 않는 것만 못할지도 몰라'라고 생각하고 있지 않은가? '괜히 소란 떨어서 오히려 더 분란만 일어나고 망신만 당할지 몰라'라고 생각하고 있진 않은가? 그렇다면 분명 당신은 잘못 생각하고 있는 것이고, 생각을 고쳐먹어야 한다.

골치 아프다는 이유로 갈등을 회피하거나 그냥 '좋은 게 좋은 것 아니야?'라고 생각하는 것은 비겁하다. 예를 들어, 배우자가 나를 함부로 취급하는 것 때문에 자존감이 한없이 떨어지고 우울증까지 걸릴 정도라면 그 관계는 매우 위험하다. 그럼에도 불구하고 '이혼할 것도 아닌데, 시끄럽게 싸워서 아이들한테 나쁜 영향을 주면 어떻게 하지, 그냥 참고 말자'라고 생각한다면 그러한 관계는 점점 더 악화해 결국 파국으로 치닫게 된다.

이럴 때 제대로 내 생각을 정립하는 방법은 누구도 날 모욕할 권리가 없고 그렇게 내버려두지 않겠다는 마음의 결심이다. 내 인생이다. 나에게 모멸감을 주는 사람에게 앞으로는 예의를 갖춰서 나를 대하라고 당당히 말해야 한다. 특히 직장에서, 또 다른 비즈니스 관계에서 무례하게 나를 취급하는 사람에게는 더욱 명확하게 경고할 필요가 있다. 예를 들어, 상대가 지속적으로 모욕을 가할 경우 휴대전화를 꺼내 들고 "지금 한 말 다시 한번 해보겠어요? 녹음해두려고 합니다."라고 말하는 정도는 기본적인 자기방어다. 상대의 말과 행동에 내가 피해를 입고 있다는 사실을 정확히 알려주지 않으면 나쁜 관계는 계속될 뿐이다.

해를 끼치는 관계는 끊어낸다

▬▬▬▬   지속적으로 해를 끼치는 관계는 미련 없이 정리한다. 예를 들어, 보기만 해도 스트레스 받는 선배가 있다고 하자. 1년에 몇 번 안 되는 동문회에 그 선배는 왜 그리 꼬박꼬박 참석하는지.

"야, 오랜만이다. 아직도 그 회사 다녀? 거기는 사람 얼굴이나 인성은 안 보나 보지? 으하하하!"

어이없어 빤히 쳐다보면 "농담이야, 장난을 정색하며 받는 건 여전하네. 나이 먹으면 좀 여유가 있고 그래야지, 인마!"라는 답이 돌아온다. 악의적인 농담 외에도 집요하게 불가능한 일을 청탁하든가, 선후배 이간질에 동원하거나 거짓된 정보를 흘려 일일이 해명하러 다니게 만든다. 이런 악연이 지속된다면 참지 말고 과감하게 끊어야 한다. '주변 선후배를 봐서'라든가 '내 이미지는 또 뭐가 될까'라는 안일한 생각은 나쁜 관계가 쏘아 올리는 화를 스스로 뒤집어쓰는 꼴이다.

때론 무시가 답이다

■■■■■   악의적인 상대의 공격에도 지속할 수밖에 없는 관계라
면 그저 무시하는 것도 좋은 방법이다. 그러기 위해서는 그런 공격
이 사실은 겁먹을 일이 아니라는 것을 스스로 다짐해두어야 한다.
다짜고짜 "코 어디서 한 거야?"라고 많은 사람 앞에서 공개적으로
묻는 친구, "그 회사에 입사하다니 대단하다. 아버지가 도와주셨
니?" 또는 "그 정도 스펙으로 우리 회사는 어림도 없어. 꿈 깨."라고
말하는 선배 등등.

이렇게 나를 존중하지 않는 사람에 대해서는 무심함으로 일관
하는 것도 좋은 방법이다. "코를 했다면 이렇게 했겠냐?"라고 심드
렁하게 대답하면 된다. 일부러 기분 나쁘라고 후벼 파는 사람에게
과민 반응하는 것은 그야말로 상대가 던진 미끼를 덥석 무는 꼴이
다. 차라리 "그렇게 남의 기분 생각하지 않고 말하는 능력은 선천
적인 거예요?"라고 눈 동그랗게 뜨고 진짜 궁금한 양 물어보는 편
이 훨씬 세련되어 보인다.

좋은 인간관계는 인생의 선물이자 살아가는 힘이라고 할 수 있

100

다. 그렇다고 그 반대에 서 있는 나쁜 관계가 인생의 벌은 아니다. 단지 그것은 그림자처럼 본래보다 훨씬 더 크게 보이는 효과 때문에 두렵거나 마음을 힘들게 하는 인생의 장애물일 뿐이다. 살다 보면 좋은 관계, 나쁜 관계 모두 안고 살게 되지만 나쁜 인간관계를 꾹 참는 것은 절대 도움이 되지 않는다.

한두 가지 관계라도 엉킨 실타래처럼 꼬여버리면 과감하게 잘라내고 다시 묶는 것이 인생이라는 전체 실타래를 잘 쓸 수 있는 방법이다. 좋은 관계를 유지하는 것보다 나쁜 관계를 참지 말아야 하는 진짜 이유이기도 하다.

절대
쓰지 말아야 할
비호감 언어

말로 자기 복을 자기가 걷어차는 사람이 의외로 많다. 말이 습관이라 그렇다. 한마디 할 때마다 머릿속에서 미리 점검하고 결심해서 조심스럽게 말하지 않는다. 걷자고 작정하지 않아도 저절로 두 발이 번갈아가며 걸음을 걷듯 말도 무심결에 저절로 나온다. 그래서 나쁜 말습관을 가진 사람은 내내 비슷한 말을 쏟아내고 비호감이라는 딱지가 붙는다. 더욱이 사회적 지위가 높거나 나이가 많으면 이런 말습관을 아무도 '감히' 지적하지 않는다. 그래서 나쁜 말습관을 가진 사람은 본인이 자발적인 비호감이 되고 있는 줄도 모른다.

그러나 말은 사람을 끌어당기기도 하고 밀어내기도 하는 마법을 부리는 도구이기 때문에 어떻게 말하느냐에 따라 사람의 인생을 좌우하기도 한다. 그래서 말 잘하는 방법을 배우기보다 잘못 말하는 습관부터 고쳐야 한다. 특히 사회생활이나 가정에서는 절대 쓰지 말아야 할 비호감 언어만 피해도 중간은 간다. 지뢰 같은 비호감 언어를 신경 써서 피해보자.

타인에 대한 험담

━━━━━ 어떤 이유를 대더라도 험담은 비호감 언어의 대표선수다. 험담이나 뒷담화도 습관이다. 특별히 악의가 없어도 무심결에 남의 이야기를 자주 하는 사람들이 있다. 가족들에 대해서도 칭찬하는 것이 쑥스럽다며 오히려 더 깎아내리는 경우가 있다. 그야말로 득될 게 없는 짓이다. 아내에 대해서 "음식도 못 해, 드라마만 봐, 제대로 하는 게 없어."라고 남에게 투덜거리는 남성을 보면, 가장 가까운 아내를 깎아내리는 사람이니 같이 일하는 사람들은 어떻게 대할지 가재미 눈을 뜨고 쳐다보게 된다.

대놓고 혹은 은근한 자기 자랑

■■■■ "내가 말이야, 왕년에는 말이야." "(유명 정치인을 가리켜) 아, 그 형님은 나랑 친형제나 다름없지." "나도 몰랐어. 우리 아파트값이 언제 그렇게 뛰었대?" 등의 자기 자랑을 늘어놓거나 남의 염장을 지르는 사람에게 누가 호감을 갖겠는가.

감정 기복을 드러내는 말

■■■■ 아침에 출근할 때는 분명히 명랑한 얼굴로 인사하던 사람이 한 시간도 채 지나지 않아 업무 관련 질문을 하는 나를 향해 "아, 몰라. 짜증나게 좀 하지 마. 알아서 해!"라고 소리를 친다면? 정이 뚝 떨어지고도 남는다.

"너만 한 친구가 없어. 내가 믿는 사람이라고는 너뿐이야."라고 했던 친구가 사흘이 채 못 가서 "네가 그러고도 친구니?"라고 쏘아붙인다면 어이가 없어 말문이 막힌다. 마음이 건강하지 못하면 감정 기복이 심하다. 그것을 고스란히 말로 내뱉는 사람은 누구도 가까이하고 싶지 않을 것이다.

판단하고 분석하고 점수를 매기는 말

━━━━━   친구가 이직한 회사 사람들의 텃세 때문에 회사를 그만둬야 하나 말아야 하나 고민을 털어놨다면 뭐라고 해야 할까? "내가 볼 때는 말이야, 너의 전문성이 제대로 부각되지 않아서라고 판단돼. 직장상사에게 좀 더 마케팅적인 너의 관점을 논리적으로…."라고 한다면 친구는 두 번 다시 고민 상담 따위는 하지 않을지도 모른다.

이야기를 털어놓는 친구는 너무 힘들다는 하소연을 그냥 들어달라는 것이지 객관적이고 냉정하게 상황을 분석해달라는 의미는 아닐 것이다. 남의 이야기에 늘 판단하고 분석해서 점수까지 매기는 말하기는 상대의 마음을 밀어내기 쉽다. 제대로 공감하지 못하는 말은 다 비호감 언어다.

듣고 있으면 기분 나빠지는 말

━━━━━   딱 꼬집어서 말하기는 뭐하지만 듣다 보면 묘하게 기분이 상하는 말이 있다. 누군가 맛집 이야기를 꺼내면 "아니야, 너 미각이 둔하네. A보다는 그 옆에 B가 훨씬 낫지. 거기가 진짜 맛집이야." 자기 말만 맞고 남의 말은 틀리다는 식이다. 또 "기분 나빠

하지 말고 들어."라고 하면서 "나도 너처럼 통통했으면 좋겠다. 편하지? 부러워. 나는 바지 사면 허리를 다 줄여야 해."라고 하는 사람도 있다. 원하던 회사에 합격한 친구에게 "합격해서 참 좋겠다. 워낙 빡센 회사라 적응할지 모르겠지만 들어간 게 어디냐?"라며 질투를 드러내는 말을 하는 사람도 있다. "김주임은 엑셀도 능한데 박주임은 같은 학교 출신이면서 왜 그렇게 다르지?"라고 비교하는 말도 마찬가지로 기분 나빠진다.

자기 이미지 자기가 깎는 말

▬▬▬ 말을 통해 자기 이미지를 적극적으로 깎아내리는 사람들도 있다. 대표적인 유형으로는 횡설수설하는 말투가 그렇다. "대체 무슨 말이 하고 싶은 거니?"라고 묻게 되는 말버릇 말이다. 하고 싶은 이야기는 많고 스스로 정리가 안 되는 말투를 쓰는 경우 자기 이미지에 대단히 손해를 보게 된다.

조리 있게 말하기에 자신이 없다면 개인적인 이야기든, 비즈니스 말하기든 간에 머릿속으로 해야 할 이야기를 먼저 정리하는 습관을 들이는 것이 좋다. 그리고 일단 결론을 먼저 말한 후 자세한 내용은 뒤에 풀어나가면 핵심을 이야기할 줄 아는 사람으로 비친다. 간단하지만 중요한 공식이다.

시니컬한 말투 역시 마찬가지다. 매사에 부정적으로 이야기하는 사람과 함께 있으면 기운이 빠진다. 말끝마다 "그게 되겠어?"라든가 안부를 묻는 친구에게 "죽지 못해 산다. 장사도 안 되고, 돈도 없고⋯." 이렇게 늘어놓으면 안부를 물은 게 후회스러워진다. 자기를 부정하고, 세상을 부정하는 시니컬한 말은 비호감의 대표 주자다.

말이 곧 그 사람이다. 말로 자신을 살리기도 죽이기도 할 수 있기 때문이다. 나를 죽이지 않으려면 비호감 언어라는 지뢰를 밟지 말아야 한다. 무심코 쓰는 여러분의 말버릇 중에서 비호감을 불러일으킬 요소가 없는지 생각해보자. 허물없는 사이인 친구나 가족에게 모니터링을 부탁해도 된다. 그렇게 적극적으로 하지 않으면 고치기 어렵다. 거울이 없으면 내가 내 모습을 볼 수 없듯, 누군가가 설명해주지 않으면 내 말의 모양새를 내가 보지 못하기 때문이다.

일 잘하는
사람이 되는
말의 기술

누구나 일을 잘하고 싶다. 그러나 잘하고 싶다고 해서 잘할 수 있는 것도 아니다. 일을 잘한다는 것은 단순히 그 일에 대한 능숙한 스킬만을 의미하지는 않는다. 자기 원칙이 명쾌하고 원활한 인간관계라는 기본기를 갖추고 있어야 직장인이든, 사업가든, 프리랜서든 일을 잘한다는 인정을 받는다.

그 기본기의 핵심을 이루는 것이 바로 말이다. 일을 잘하는 사람의 언어는 일상 언어와 다르다. 비즈니스 언어의 기술을 장착해야 한다. 그래야 자신을 유능하게 표현하고 인간관계에 윤기를 더할 수 있다. 일 잘하는 사람이 사용하는 말은 어떤 것인지 알아보자.

말하기 전에 마음부터 열어라

━━━━━ 　평범한 범위를 넘어 일을 잘하는 사람의 언어를 가지려면 꼭 필요한 전제조건이 있다. 바로 들을 때도 말할 때도 열려있는 마음습관이다. 마음이 열려 있으면 상대에게 저절로 관심을 갖게 된다. 잘 듣게 되고, 이해하게 되고 집중한다면 이미 말 잘하는 조건 중 절반 이상은 채워진 셈이다.

열린 마음의 백미는 눈높이를 맞추는 태도다. 상대가 나의 전문분야에 대해 문외한일 경우 전문용어는 배제한 채 일반어로 바꿔 가장 쉽게 이해할 수 있도록 말하는 것이다. 상황에 맞지 않게 과도한 영어를 남발하거나 자신만 아는 전문용어를 늘어놓는 것은 말을 못하는 것은 물론이고 일도 못하는 사람으로 평가되기 딱 좋은 태도다.

말의 기술은 눈치가 절반이다

━━━━━ 　눈치껏, 센스 있게 하는 말은 생각처럼 어렵지 않다. 상대와 입장을 바꾸어봤을 때 과연 상대가 기분 상할 말인지 한번쯤 생각해보는 것만으로도 충분하다. 예를 들어, 쓸데없는 서두로 상대를 불쾌하게 하는 것은 비즈니스 언어에서 실격이다. 마주 앉은

사람에게 "이런 얘기 어떻게 생각할까 싶어 안 하려고 했는데."라는 서두는 그야말로 해로운 사족일 뿐이다. 안 하려고 했으면 안 하는 게 대부분 낫다.

대화의 주제를 잊지 말자

▬▬▬ "내가 지금 무슨 말 하다가 이 얘기가 나왔지?"라고 회의하다 말고 당당하게 말하는 리더가 있다. 이런 경우 리더의 자격이 충분하다고 할 수 있을까? 직장에서 회의를 하든, 가족 회의를 하든, 친구들끼리 여행 계획을 짜는 자리든 목적 있는 대화에서 길을 잃어서는 안 된다. '내년 직원교육'이라는 주제로 대화를 시작했다면 '교육 커리큘럼'이라는 방향에서 탈선해서는 곤란하다. '매출 부진의 원인을 찾자'는 주제가 어느새 '내년도 신입사원 모집 규모'로 귀결되는 회의는 회사의 앞날을 암울하게 한다.

비즈니스 언어에 충실한 말습관

▬▬▬ 비즈니스 언어에는 기본 공식이 있다. 공식을 외우고 응용하면 점점 더 잘하게 된다. 그야말로 일 잘하는 사람으로 이미

지메이킹 하기에는 최고다. 그러나 그 공식과 상관 없이 자기 멋대로 말하면서 경력을 쌓는 사람들이 있다. 이럴 경우 일을 잘하기는 커녕 경력은 있는데 일을 주먹구구식으로 하는 사람이 되기 쉽다.

비즈니스 언어의 공식은 수학 공식처럼 생각하면 된다. 그저 대입해서 말하려는 노력만 해도 절반은 해결되는 셈이다. 수학 공식을 안 외우는 학생은 당연히 수학 점수가 안 나오는 것처럼 언어의 공식도 관심을 갖지 않으면 끝내 말도 못하고, 일도 못하는 사람이 된다.

첫 번째 공식은 두괄식으로 말하는 것이다. 예를 들어, 사고가 생겼다면 "부장님, 매장에서 사고가 발생했습니다."라고 결론부터 말해야 한다. "부장님, 드릴 말씀이 있는데요. 그 매장에 매출이 많다 보니, 그리고 직원이 갑자기 바뀌다 보니…."라며 주저리주저리 변명부터 늘어놓는 말습관은 무능함의 극치다.

두 번째 공식은 습관적으로 숫자로 말하라는 것이다. 거래처와 상담을 할 때 역시 비즈니스는 숫자로 표현해야 한다. 매출이 '대단히', '상당히', '꽤' 많을 것으로 예상한다고 해서는 신뢰감이 생길 수 없다. '매출은 전년대비 20퍼센트 성장'이라고 말해야 한다. 어떤 것이든 숫자로 치환해서 생각하는 버릇을 들이는 것이 좋다.

세 번째 공식은 미리 생각해서 요약한 후 말하는 것이다. 보통 일상적으로 친구나 가족과 이야기를 나눌 때는 미리 무슨 이야기를 할지 생각하고, 요약한 후 대화를 시작하지는 않는다. 그러나 비즈니스의 경우에는 다르다. 어떤 주제로 누구와 대화를 나누든, 무슨 이야기를 할지 미리 생각하는 버릇을 들이자. 예를 들어, "A보다는 B안으로 진행하는 게 좋다고 생각합니다. 이유는 세 가지인데 첫째는…." 이런 식으로 간결하고 논리적으로 말하는 것이다. 이를 위해서는 미리 머릿속에서 요약하는 습관을 들이는 것이 좋다.

선을 넘지 않는 말습관을 가지자

"선배님, 선 넘으셨는데요?"라고 당당하게 말할 수 있는 후배가 얼마나 될까? "사회생활이란 그렇게 탁탁 털어내며 하는 거 아니다." "때론 그냥 넘어가기도 하고 모른 척하기도 하는 것이 사회생활이야."라고 말하고 싶다면 당신은 선을 넘는 위험에 노출된 상태다.

선을 넘는 말을 하는 게 위험한 이유는 웬만해서는 내가 선을 넘고 있는지 상대가 말해주지 않는다는 데 있다. 무례하거나 쓸데없는 오지랖으로 선을 넘는다 한들 속으로 욕하거나 피하는 경우가 대부분이다. "당신이 지금 선을 넘으셨는데 어떻게 할까요?"라는 '친절'은 비즈니스 세계에서는 기대하기 어렵다.

별로 친하지도 않은 부하직원에게 "결혼은 왜 안 하니? 눈이 너무 높니?"라고 대뜸 선을 넘고는 "너무 고르지 말고 대충 잡아라. 그 사람이 그 사람이지 별사람 없다."라고 온갖 오지랖을 떠는 사람은 업무에 대해서도 타인의 신뢰나 협조를 기대하기 어렵다. 그게 사람 마음이다. 선을 넘지 않는 절도 있는 말습관이 그래서 유능함의 기본 조건이다.

같은 말도
기분 좋게 하는
쉬운 요령

자신을 드러내는 수단은 많다. 더 좋은 이미지를 위해서 비싼 옷을 사고, 트렌드를 살피고, 헤어스타일을 바꾼다. 이런 것들을 포함해 자신을 드러내는 가장 중요한 수단은 무엇일까? 바로 말투다. 그런데 옷이나 가방, 구두 같은 것보다 더 중요한 말투에 대해서는 의외로 무심한 경우가 많다.

대부분의 사람은 성격이 말투에 그대로 묻어나온다. 천성이라는 것이 쉽게 가려지는 것이 아니다. 이론적으로는 남에게 상처 주는 말을 하면 안 된다는 것을 알면서도 성격 급한 사람은 남의 이야기가 끝나기도 전에 "그래서 결론이 뭔가요?"라는 소리를 뱉고 만다.

그나마 평소에 말습관이나 말투를 공부하고 스스로 훈련하는 사람들은 잘못 말을 뱉어놓고 나서 후회하며 '다음부터 그러지 말자' 결심한다. 이러면서 아주 천천히 조금씩 좋아진다. 좋아지려면 신경 써서 말을 골라야 한다. 그래야 습관이 된다. 좋은 습관이 붙고 나면 이미지 메이킹에 이보다 좋을 수는 없다. 그 좋은 습관 중 대표적인 것이 같은 말도 기분 좋게 하는 말습관이다. 똑같은 말인데도 상대와 더욱 기분 좋게 대화할 수 있는 쉽고 간단한 비결을 소개한다.

대답하기 쉽게 질문을 하자

말을 잘한다는 것은 달변가를 의미하지는 않는다. 남의 질문에 화려한 언변으로 답하는 것을 말 잘한다고 표현하기에는 약간 부족한 면이 있다. 고수들은 어떻게 말해야 상대가 편안하게 느끼고, 마음을 열고 말할 수 있는지 생각해 그에 걸맞은 말을 한다. 그렇기 때문에 그냥 생각나는 대로 말하는 것이 아니라 이왕이면 더 좋은 말을 하기 위한 노력이 필요하다.

질문할 때도 마찬가지다. 어색해서 침묵을 깨려고 막 던지는 질문은 분위기를 더 어색하게 만들 수 있다. 똑같은 의도의 질문이라도 상대가 기분 좋게, 쉽게 대답할 수 있는 질문을 하는 것이 중요하다.

예를 들어, "뭐 좋아하세요?"라는 질문은 어색할 때 물어보기 딱 좋은 질문이라 생각하지만 질문을 받는 사람의 입장에선 난감하다. 뭘 좋아하냐니, 취미를 말하는 건가, 음식을 말하는 건가? 뭘 말해야 할지 판단이 안 되는 거다. 이럴 때는 상대가 대답하기 쉽도록 부연 설명을 하는 것이 센스다. "저는 요즘 홈트레이닝에 빠졌어요. 집에서 할 수 있는 운동도 많고 효과도 생각보다 좋더라고요."라고 내가 좋아하는 것을 먼저 말해주면 상대가 쉽게 감을 잡을 수 있다.

또 다른 예로, 신입사원에게 "처음인데 뭐 어려운 것 없어요?"라고 묻는다면 뭘 대답해야 할지 난감할 수 있다. 이때도 대답하기 쉽게 말을 얹어주면 간단해진다. "내가 3년 전 입사했을 때는 전화받는 게 그렇게 힘들더라고요."라고 내 경험을 말하면 '아, 저런 이야기를 하면 되겠군'이라고 상대방도 생각할 수 있다.

이런 식으로 대뜸 질문만 하기보다는 내 이야기를 먼저 꺼내놓아야 상대도 편하게 답할 수 있다. 그러면 상대의 이야기를 잘 끌어낼 수 있고 상대방도 나와 대화하는 것을 편안하게 느낄 것이다.

사실보다 느낌이 더 중요하다

━━━ "내가 그런 의도로 한 말은 아니었어. 왜 오해를 하지? 사람 말을 이상하게 받아들이네?"

남들에게 한 말을 오해하지 말라고 자주 해명하는 사람은 자신의 말버릇을 되짚어볼 필요가 있다. 분명히 사실을 이야기했는데 상대가 기분이 상한다면 말의 느낌을 전혀 고려하지 않았기 때문이다.

예를 들어, 친구들 모임에 큰맘 먹고 화려한 원피스를 사 입고 갔다. 그러자 한 친구는 "옷 새로 샀네. 옷 입는 취향이 점점 바뀐다."라고 했다. 다른 친구는 "대박~! 원피스 어디서 산 거야? 너무 잘 어울린다."라고 한다. 새로 산 옷을 알아봐준 것은 두 친구가 똑같다. 그러나 두 친구의 이야기를 듣는 사람의 기분은 전혀 다를 것이다.

느낌이란 그런 것이다. 이 미묘한 느낌의 차이는 말버릇에서 나온다. 첫 번째 친구의 말은 자칫 상대가 듣고 오해할 수도 있다. "그래서 뭐? 잘못되었다는 말이야? 내 옷이 이상해?" 말이란 그렇게 예민한 것이다.

특히 타인에게 조언이나 충고를 해줄 때는 더욱 조심해야 한다. 명령조, 비난조 혹은 강요하는 느낌이 되기 쉽기 때문이다. 예를 들어, 직무가 적성에 맞지 않음을 고민하는 후배에게 조언을 한다고 해보자. "P선배와 상의해봐."보다는 "P선배와 상의해보는 게 어떨까?"가 낫다. 스트레스로 인해 힘들어하는 아내에게도 "운동이라도 좀 해."보다는 "운동을 시작해보는 건 어떨까? 스트레스 해소에 도움이 되지 않을까?"라는 식의 권유형 말버릇이 타인을 존중하는 느낌을 더 잘 전달한다.

부정적인 말버릇을 걷어내자

━━━ '나에게도 좋은 일이 생겼으면, 뜻하지 않은 행운이 왔으면….' 이런 생각은 누구나 한다. 그러나 그런 행운을 끌어들이는 가장 큰 요인이 말습관이라는 것을 알고 조심하는 사람은 많지 않다. 똑같은 말이라도 상대를 기분 좋게 하는 말버릇을 갖추면 복이 넝쿨째 굴러들어온다.

그러나 매사에 부정적인 형태로 모든 문장을 둔갑시키는 놀라운 재주를 가진 사람들이 있다. 이런 사람은 기분 좋은 말을 훈련하기 전에 말을 하고도 괜히 말 시켰다 싶게, 기분 상하게 하는 습관부터 고치는 게 시급하다.

편의점에서 직원이 "봉투 드릴까요?"라고 묻는데 "그럼 손으로 들고 가요?"라고 대답하는 사람, 퇴근 후 블로그로 글을 쓰는 아내가 "일주일에 네 번 글쓰기는 너무 벅차다 싶네."라고 하자 "나 아는 사람은 하루에 몇 개씩도 올리더라."라고 답하는 남편, 점심 뭐 먹었냐는 다정한 질문에 "그게 왜 궁금해?"라고 대답하는 사람… 모두 질문의 의미를 제대로 모르는 부정적인 대답들이다. 말을 내뱉는 사람은 잘 모르지만 듣는 사람은 기분이 상하는 말만 하는 습관이 있다면 지금 당장 고쳐야 한다.

말이 달라지면 관계도 자연스럽게 달라진다. 나와 연결된 인간관계가 달라지면 내 인생이 달라진다. 그래서 말이 중요하고 외국어 공부하듯 스스로 훈련해야 한다. 관심을 갖고 훈련하는 만큼 좋아지고, 어느새 남들이 나를 이전과 다른 눈으로 바라보기 시작할 것이다. 똑같은 말이라도 기분 좋게 하는 습관이 인생을 바꾼다고 말하는 이유다.

말이 변하면
인생도
변한다

"당신하고 말하느니 차라리 벽을 보고 말하는 게 낫겠어." "차라리 말을 말자. 당신이랑 무슨 말을 하겠다고." 부부는 각자 고개를 저으며 외면해버리고 만다. 부부싸움의 흔한 장면이다. 부부싸움뿐만 아니다. 직장이나 다른 커뮤니티에도 말이 안 통하는 사람은 꼭 있게 마련이다.

그런 사람들은 세상이 자기 중심으로 돌아간다고 생각하는지 늘 자신이 옳고 자신의 의견이 가장 중요하다. 그들이 가장 많이 하는 말은 "도대체 이해할 수 없어." "생각이 있는 거야, 없는 거야?" "처갓집 식구들은 다 이상해." "우리 부장 미친 거 아니야?" 정도다.

말이 통하지 않으면 인생이 막힌다. '말로 복을 찬다'는 옛말이 괜히 있는 게 아니다. 반대로 생각하면 말만 변해도 인생이 달라질 수 있다. 우리는 생각하는 대로 말하기도 하지만, 말하는 대로 생각하기도 한다. 마음에 없는 말이라도 의식적으로 계속하다 보면 생각이 정말 그렇게 바뀌는 것이다. 그렇게 생각이 바뀌면 행동이 바뀌고, 그러면 인생이 바뀌는 것이다. 세상을 살아가며 쓰던 말습관, 말버릇을 바꿔 인생을 바꿀 수 있다면 이처럼 다행인 일도 없다. 말로 인생을 변하게 하려면 그야말로 에너지가 넘치는 말로 일상을 채워야 한다. **다음과 같은 말들을 일부러라도, 자주 해보자.**

감사합니다, 덕분입니다

▬▬▬ 아주 기본 중에 기본이다. 특히 배우자 때문에 화나는 일이 부지기수인 사람이라면 이 말을 적극 활용해야 한다. 남편이 주야장창 술 마시고 늦게 들어오는 걸 봐줄 수가 없을 지경이 되었을 때 특히 써먹어야 한다. 그윽이 바라보며 이렇게 말하는 것이다. "당신이 건강해서 고마워. 매일 성실하게 돈 벌어서 고마워. 모든 게 당신 덕분이야."

주말에 종일 리모콘을 쥐고 소파와 혼연일체가 되어 있는 남편 때문에 속이 터진다 싶을 때도 잔소리를 꾹 참고 이렇게 말한다. "주말에 욕실 청소해줘서 고마워."

나 역시 남편에게는 절대 부정적인 소리를 하지 않기로 결심한 지 꽤 되었다. 부정적인 말이 튀어나올 것 같다 싶으면 아예 입을 다문다.

꼴 보기 싫은 직장상사나 만나기만 하면 속을 긁어대는 누군가에게도 마찬가지다. 오랜만에 집에 오신 시어머니가 멀쩡한 아들 얼굴을 트집 잡아 "아범 얼굴은 왜 저렇게 야위었니?"라며 혀를 차더라도 "무슨 말씀이세요? 몸무게가 4킬로그램이나 늘었어요. 맞는 옷이 없답니다."라고 말하지 말자. "제가 신경 더 쓸게요. 그런데 어머니 지난번 김치 보내주신 것 너무 맛있었어요. 감사합니다."라고, 무조건 고맙다는 말로 마무리하면 관계가 나빠지지 않는다. 그것이 인생을 변하게 하는 한 가지 요소가 된다.

신난다, 멋지다

━━━ 아침에 외치면 바로 에너지가 분수처럼 올라오는 마법의 단어다. "야, 출근할 회사가 있다니 참 신난다!" 어깨를 늘어뜨리고 도살장에 끌려가는 것처럼 출근하는 사람과 이렇게 신나게 출근하는 사람의 인생이 과연 같을까? 진심으로 그렇게 신나느냐

는 관계없다. 일단 말을 하면 그 말을 내 귀가 듣고 내 마음과 뇌가 받아들인다. 말해놓고 후에 진실로 만들면 된다. 순서는 상관없으니까.

"오늘 어쩐지 좋은 일이 일어날 것 같은데? 신난다."라고 하면 좋은 일이 분명 일어난다. "오늘 할 일이 너무 많아. 신난다."라고 하면 일이 많아 투덜거리는 것보다 뭐든 더 잘할 수 있다.

인간관계에서는 '멋지다'는 말을 해보자. 누군가를 만나 "오늘 양복 잘 어울려요. 멋진데요?"라고 말하거나 "머리 바꿨네? 멋져요."라는 말은 마법처럼 사람들과의 관계를 풍성하게 만들어줄 것이다.

잘될 거야, 해볼 만한데? 거봐, 된다니까

▬▬▬▬ 퇴직 후 작가로 강연가로, 유튜버로 칼럼니스트로 나의 직업은 단시간에 빠르게 변화했다. 20년 넘게 대기업에서 근무한 내가 전혀 경험 없는 일을 새롭게 시작하며 암담하고 두려운 마음을 떨쳐버린 비장의 주문이 바로 "잘될 거야."였다. 다른 선택의 여지가 없었다. 이 길로 가야 하니까, 내가 나를 돕는 수밖에 없었다. 스스로를 가장 크게 돕는 방법은 잘될 거라고 끊임없이 나 스스로를 격려하는 것이다.

책도 써본 적 없고, 재직 당시 하던 사내교육 외에 이렇다 할 전문 강연 방법도 모르고, 유튜브 채널 운영에 관해서는 더더욱 문외한이었지만 하나씩 도전할 때마다 겁이 나서 벌벌 떨면서도 "해볼 만한데?"라고 스스로에게 허세를 부렸다. 그런데 그게 먹혔다. 말만 그렇게 해도 자신감이 붙는다. 그리고 조금씩 성장해가며 "거봐, 된다니까."라고 말하기 시작했다.

예기치 못한 문제가 생겨 당황할 때는 "큰일났네." "어쩌면 좋지?" "이걸로 끝인가?"라는 말은 입에도 올리지 않았다. 아니, 생각조차 하지 않으려고 의도적으로 노력했다. 한참 주가를 올리던 기업 강연이 코로나19로 모조리 취소되었을 때조차 "어라? 일이 드라마틱하게 전개되고 있군."이라고 했다. 절대 내 입으로 내 에너지와 기운을 빼앗는 말은 하지 않기로 결심했기 때문이다.

이런 말을 많이 사용하면 자신감이 에너지처럼 마음 저 밑바닥에서부터 저절로 올라오고 세상을 보는 관점조차 변한다. 그래서 인생 또한 내가 원하는 방향으로 만들어갈 수 있는 것이다.

변명, 남 탓, 자기비하는 삼가자

■■■ 퇴직 후 퇴직금에 대출까지 받아 작은 카페를 개업했지만 부진을 거듭하다가 결국 폐업을 한 중년 남자가 있다. 그를

위로하는 친구들에게 그는 코로나19 때문에 망했다고 말한다. 그리고 그 카페를 해보라고 적극 추천한 선배를 원망한다. 그러더니 이내 한탄을 시작한다. "내가 그렇지 뭐. 장사도 아무나 성공하나. 회사에서 책상만 지키고 있던 내가 뭘 어떻게 하겠다고."

자기 비하를 일단 시작하게 되면 점점 가속도가 붙는다. 그리고 스스로에게 세뇌를 시키게 된다. 나는 형편없는 사람, 능력 없는 사람, 그런 것도 못 하는 사람이라고 스스로에게 말하면서 늪으로 빠지면 헤어나오기 힘들다. 자신의 인생을 점진적으로 최악으로 만드는 방법은 다름 아닌 변명, 남 탓, 자기비하다. 그래서 말이 중요하다. '내 입에서 나오는 말은 내 인생의 그림을 그리는 다양한 색깔'이라는 표현이 그래서 설득력 있다.

상처받지 않는 멘탈 관리법

멘탈에 대한 격한 표현이 많다. '멘붕', '유리멘탈', '멘탈이 깨지다', '멘탈이 나가다'…. 특히 '멘탈이 약하다'는 뜻이 담긴 거침없는 단어들을 우리는 자주 쓰고 자주 듣는다. 어려운 환경에 처할수록 멘탈이 얼마나 중요한지 절감하게 되고, 세상을 살아나가는 가장 큰 무기가 됨을 깨닫는다. 어떤 일을 계획하거나 도전하거나, 적어도 그냥 살아나가기만 하는데도 멘탈은 가장 직접적이고 강력하게 우리 인생에 영향을 미친다. 멘탈이 강하면 어떤 상황에서도 나 자신을 지키고, 내가 원하는 내가 될 수 있다.

특히 얽히고설킨 관계를 지혜롭게 유지하는 데 멘탈은 가장 큰 요소라고 할 수 있다. 어떻게 하면 그 중요한 멘탈을 제대로 관리하고 강하게 만들 수 있을까.

마음을 성숙하게 가꾸자

우선 나 자신의 마음을 성숙하게 가꾸는 노력이 기본이 되어야 한다. 그것이 멘탈의 기초를 다지는 일이다. 성숙함은 나이와 비례하지 않는다. 주변에 미성숙한 어른을 쉽게 찾을 수 있는 것만 봐도 알 수 있다. 자기 자신을 생각해봐도 나이만큼 성숙하다고 자신하는 사람은 많이 없을 것이다.

마음이 성숙해지면 작은 일에 크게 흔들리지 않는다. 이것은 멘탈과 직접적으로 연결된다. 마음이 성숙해지려면 어떻게 해야 할까? 먼저 한발 물러나 상황을 객관적으로 바라보자.

이웃집 주민이 나에 대해 뒷담화를 하고 다닌다는 말을 다른 이웃에게서 듣게 되었다. 물론 기분이 나쁜 것은 어쩔 수 없지만 반응은 여러 가지로 보일 수 있다. 거칠게 초인종을 눌러 불러낸 후 어떻게 무슨 근거로 그런 소리를 하고 다니냐고 따질 수도 있을 것이다. 하지만 한발 물러나서 상황을 보면 이게 그렇게까지 화낼 일인가 싶을 때가 많다. 그러면 '그렇게 오해할 수도 있지 뭐'라고 무심히 넘겨버릴 수도 있다.

한번씩 뒤로 물러나서 상황을 보자. 이렇게 하면 훨씬 신중한 판단이 가능하고 스트레스도 덜 받는다. 상황을 객관적으로 바라보게 되면 저절로 마음도 열린다. 내가 속한 어느 모임에서 회의를 하는데 나의 의견에 반론을 제기하는 사람이 있다면 어떻게 반응할까? 공개적으로 내 의견에 반대해 나를 민망하게 했다고 얼굴 빨개지며 불쾌해하는 것은 전형적으로 미성숙한 사람의 태도다. "아, 그렇게 생각할 수도 있겠네요. 좋은 지적 감사합니다. 그 부분에 대해 좀 더 보완된 의견을 고민해보죠."라고 품위 있게 응대하는 것이 곧 열린 마음에서 나오는 성숙이다.

긍정이라는 연료를 넣자

성숙한 마음으로 멘탈의 기초를 다지면 그 마음은 긍정의 단계로 넘어갈 수 있다. 긍정은 멘탈을 튼튼하게 다지는 단계의 연료와도 같다. 긍정적인 사고를 하는 사람은 어떠한 상황에서도 기회를 찾아낸다는 특성이 있다. 똑같이 사업에 실패해도 긍정적 사고를 하는 사람은 '아, 이 경험을 꼭 기억하면 다음번에는 성공이다'라고 생각한다. 코앞에 닥친 위기 앞에서 어떻게 하면 이것을 좋은 기회로 삼을까 궁리하는 것이 긍정적인 사람들의 마음습관이다.

느닷없이 사업이 망하거나, 회사에서 퇴직을 당하거나, 시험에 떨어지거나, 이직에 실패해도 지금 이 상황에서 내가 배울 수 있는 것은 무엇일까, 어떻게 이 상황을 유리하게 이용해 반전을 이룰 건가를 따져보는 습관은 긍정의 백미다.

인간관계에서도 마찬가지다. 결혼까지 생각했던 연인과 헤어져 울고 불면서 죽네 사네 해봐야 나만 손해다. 친구나 동료, 선배에게 배신당했다고 끌탕을 해봐야 끝난 인연을 다시 주섬주섬 엮을 수는 없다. '이 사람과의 인연은 여기까지였구나'라고 생각하고 깔끔하게 인연을 정리하는 것도 긍정의 힘으로 가능하다.

긍정적 사고로 좋은 관계를 유지하고 싶다면 두 가지 원칙을 세워두는 것이 도움이 된다. 첫째는 자신의 감정 원칙을 정해두는 것이다. 예를 들어, 일상에서 경험하는 다소 불친절한 사람들에게 컴플레인하지 않는다. 식당 직원의 퉁명스러움, 편의점 직원의 불친절 등은 그들의 사정이 그러하겠거니 생각하고 문제삼지 않는다. 내가 화를 내는 경우는 악의적인 의도로 내게 위해를 가하거나 비윤리적인 상황을 목격하거나 약자가 피해를 보는 상황에 한한다. 이렇게 나의 감정 원칙을 세우면 웬만한 상황에서는 멘탈이 흔들리지 않는다.

두 번째 원칙은 부정적인 감정은 꺼내지 않는 것이다. 긍정의 가장 큰 적은 불안이나 두려움, 불안 같은 감정이다. 불안이 시작되면 늪처럼 헤어나오기 어려운 경우가 있다. 대표적으로 과거에 대한 부정적인 감정이다. '그때 내가 왜 그랬을까, 그때 그 주식을 샀어야 하는데, 그때 아파트를 팔지만 않았어도, 그렇게 집착하지만 않아도 그 사람이 떠나지는 않았을 텐데…' 하며 이미 어쩔 수 없이 되어버린 일에 대해 스스로를 원망하고 미워하지는 않는가. 이런 감정에 매몰되면 불안은 덩치가 점점 커져서 괴물이 되고 만다. '내가 또 지나가버린 일을 후회하고 나를 미워하고 있구나' 하고 깨닫는 순간 "여기서 스톱!"이라고 마음속으로 외치자. 이것이 멘탈을 튼튼하게 하는 기본이다.

스스로 성장하면 멘탈도 강해진다

성숙함과 긍정으로 멘탈을 기초부터 탄탄히 성장시켰다면, 이제 이것을 자신의 능력으로 완성해야 한다. 멘탈이 약하다는 것은 '믿을 구석이 없다'는 표현으로도 바꿔볼 수 있다. 스스로를 믿을 만하다고 생각하면 멘탈은 자연스럽게 강해진다. 믿을 만한 나를 만들기 위해서는 끊임없는 자기 성장만이 답이다.

어린아이들은 스스로 크기도 하지만, 주변 어른들도 애정을 가지고 아이의 성장을 돕는다. 그러나 이미 멀쩡하게 사회생활을 하는 어른들의 성장에 관심을 갖는 사람은 드물다. 그러므로 스스로 자신의 성장에 집중하고 노력하는 사람만이 커나갈 수 있다. 그래서 지속적으로 자기성장을 이루어내는 일이 어려운 것이다.

그럼에도 꾸준히 자기성장을 해나가는 사람은 성장만큼이나 멘탈이 튼튼해진다. 성장에 초점을 맞추면 자신감이 동반 상승하기 때문이다. 성장의 방법은 개인마다 다양하므로 자신의 성장 계획을 짜보는 것도 좋다. 산만해서 30분을 가만히 앉아 일을 하지 못하는 사람은 집중력을 키우는 훈련을, 체력이 약해 회사 업무조차 허덕이는 사람은 운동을, 말습관이 나빠 대인관계에 악영향을 끼친다면 말하기 훈련을 할 수 있다. 이런 식으로 자신의 약점을 보완해가며 느끼는 성취감은 멘탈을 튼튼하게 하는 가장 좋은 방법이라고 할 수 있다.

누군가와 관계를 맺는다는 것은 언제든지 그 관계로 인해 상처받을 수 있다는 것을 의미하기도 한다. 어떤 이들은 상처가 두려워 관계 자체를 주저하기도 한다. 그러나 관계로 인한 크고 작은 상처에도 흔들리지 않기 위해서는 일상의 멘탈을 스스로 튼튼하게 돌보는 것이 중요하다. 성숙하게 마음의 기초를 쌓고 그 위에 긍정의 힘을 얹자. 이에 더해, 스스로의 약점을 보완해가며 끊임없는 자기성장의 노력으로 완성하는 멘탈 관리는 나를 사랑하고 나와 연결된 관계를 빛나게 하는 최적의 방법이다.

제3장

관계의 중심을
바로잡는 비결

착하게 살면
안 되는
이유

많은 사람이 착하게 살려고 노력한다. 그런 노력은 절대 나쁘지 않다. 문제는 자신을 희생하면서까지 타인 중심으로 사느라 행복은커녕 우울증이나 무기력증에 빠지는 '착한 사람 증후군'에 걸린 경우다.

착한 사람 증후군에 걸린 사람은 모두에게 사랑받으려고 지나치게 애쓴다. 그래서 타인의 부탁을 거절하는 것도, 반대로 타인에게 부탁하는 것도 어려워한다. 남의 감정을 상하게 할까봐 자기주장도 잘 못 하고, 겉으로 자기 감정을 잘 드러내지 않는다. 타인의 마음에 들기 위해 안쓰러울 정도로 노력한다. 스스로 완벽해지려고 하며 남의 시선과 평가에 매우 민감하다. 이렇게 살면 불행하다. 이것이 지나치게 착하게 살면 안 되는 가장 큰 이유다.

타인의 기대와 인정에 부응하느라 정작 자신이 원하는 것이 무엇인지 모른 채 살아가는 사람들이 있다. 어렸을 때는 부모님과 선생님의 평가에 목을 매고, 회사에서는 동료와 상사들의 시선에 갇혀서 지낸다. 단지 착하게 보이고 싶어서 싫은 것도 꾹 참고 스스로를 괴롭히며 산다. 착하게 살지 말라는 것이 아니라 자신을 괴롭히면서까지 착한 척하지 말라는 것이다. 몸이 건강해지기 위해 여러 가지 노력을 하듯 마음의 건강을 지키기 위해 착한 척을 멈춰야 한다.

그럼 어떻게 해야 불행을 감수하면서까지 착하게 사는 것을 그만둘 수 있을까? 어떻게 해야 그 모든 속박에서 자유로워질 수 있을까?

착하지 않아도 괜찮다

━━━━ 첫째는 착하지 않아도 상관없다고 생각하는 것이다. 남에게 착하다고 인정받지 않아도 괜찮다고 일종의 단념을 하면 남을 향해 줄곧 안테나를 세우던 신경을 자신에게로 옮겨올 수 있다. 착한 사람이라는 남의 인정보다는 나이에 걸맞게 성숙한 사람

이 되는 데 초점을 맞추면 더욱 좋다. 남에게 착하다고 인정받는 것이 내 인생에 끼치는 영향이 도대체 뭘까? 내 인생을 성숙하게 사는 것, 그것이 훨씬 중요한 가치가 아닐까. 나이 들수록 성숙해져서 세상에 선한 영향을 끼치는 사람으로 성장하고, 그런 스스로를 인정하는 것이 더 중요하다.

나 자신에게 집중하자

━━━━ 학교 후배인 Y는 세상이 나를 어떻게 보느냐가 행복의 기준이 되는 사람이다. 친구들의 생일 선물을 일일이 다 챙기고, 남의 경조사에 열과 성을 다했다. 그러나 정작 자신의 생일은 아무도 챙겨주지 않는 경우가 많은데, 어디 말도 못 하고 혼자 상처 받는다. 타인의 부탁은 거절하지 못해 자기 약속도 취소해가며 함께 뛰어다녔는데도 정작 고맙다는 소리는 듣지 못했다. 여기저기 하지 않아도 될 일까지 오지랖 넘게 챙겼는데 사람들이 알아주지 않는 것 같아 서운해한다.

이런 일이 반복되면 자연히 상처가 깊어진다. 어쩌다 칭찬이라도 듣게 되면 뛸 듯이 기쁘다가 여전히 자신을 몰라준다 싶으면 일일이 마음이 상하는 것이다. 타인의 시선을 지나치게 의식하고 거기에 맞추느라 늘 마음이 힘들고 지쳐 있다. 옆에서 보기 안쓰러워 아무리 좋게 이야기를 해봐야 소용이 없다.

이런 마음의 고통에서 벗어나려면 관심을 자기 자신에게 집중하는 것이 도움이 된다. 내가 지금 원하는 것은 뭘까? 내가 좋아하는 것이 무엇인지 곰곰이 생각하고, 그래도 잘 모르겠거든 노트에 적어보고, 매일 자신의 감정을 메모하는 것이 효과가 있다. 생각하고 적어보는 시간이 많아질수록 남에게 신경을 끄고 나 자신에게 몰입하게 되기 때문이다.

없는 시간을 쪼개서 동호회 총무를 맡아 에너지를 다 소진하며 얻는 것이 그저 '총무밖에 없다'는 형식적인 칭찬이라면 그것이 내 인생에 별 영양가가 없다는 것을 알아야 한다. 그보다는 어떻게 하면 나 자신을 잘 돌볼 수 있을지에 집중하자. 자주 상처받던 마음이 금세 회복될 것이다.

"어떻게 하는 것이 나 자신을 잘 돌보고 집중하는 건가요?"라고 물어본다면, 답은 바로 '균형감'이다. 나에게 쏟는 에너지와 타인에게 쏟는 에너지의 균형을 이뤄야 한다. 단, 언제나 자기 자신을 우선시해야 한다. 나를 먼저 사랑해야 타인도 사랑할 수 있기 때문이다.

먼저 나 자신을 알라

━━━━━ 나를 사랑하며 돌보는 방법은 뭘까? 내가 나를 아는 것이 첫 번째다. 의외로 우리는 자신에 대해 잘 모른다. "음식 뭐 좋아하세요?"라는 아주 간단한 질문에도 "음… 아무거나 다 잘 먹어요."라거나 "글쎄요, 딱히."라고 대답하는 사람이 의외로 많다. 좀 더 구체적으로 대답한다면 "해산물 좋아해요."나 "밀가루 음식 좋아해요." 정도가 될 것이다. 자신을 정확히 잘 아는 사람들은 이런 질문에도 자세하고 명확하게 대답할 줄 안다. "오징어 좋아해요. 제철 오징어를 얇게 채 쳐서 고추냉이 듬뿍 넣은 간장에 찍어 먹는 걸 정말 좋아해요."라는 식이다.

음식뿐만 아니라 자신의 모든 것을 세심히 알고 있다면 남에게 쉽게 휘둘리지 않는다. 나를 잘 알고 있으면 자기 기준이 뚜렷이 생기기 때문이다. 나의 판단이 분명하면 누가 떼를 쓰며 부탁한다고 해서 무리하게 일을 떠맡지 않는다. 이처럼 명쾌하게 판단할 수 있으려면 중요하고 시급한 '내 일'을 우선시하는 기준이 있어야 한다. 우선 내 일을 잘 진행하면서 남의 일은 가능한 수준에서만 돕는다는 나만의 원칙 말이다.

가장 안타까운 것은 본인도 별 능력이 되지 않으면서 타인을 심하게 돌보는 경우다. 어설픈 리더들은 리더랍시고 팀원들의 뒤치다꺼리만 하다가 결국 효율을 내지 못해 실패하는 경우가 많다. 어떻게 해서든 훌륭한 리더로 보이고 말겠다는 의지가 일을 망친다. 리더로서의 내 일이 최우선이고 팀원들을 돕는 건 그 다음이라는 기준이 없으면 그런 일이 벌어진다.

스스로의 매니저가 되라

■■■■ 나를 돌보는 가장 쉬운 방법은 나를 나의 매니저로 지정하는 것이다. 내가 내 인생의 주인공이자 매니저 역할을 둘 다 하는 셈이다. 연예계나 스포츠 스타를 생각해보면 그들을 둘러싼 스태프가 좀 많은가. 그들은 스타를 애지중지하며 관리하고 컨디션을 살피고 좋은 음식을 수시로 권하며, 더우면 덥다고, 추우면 춥다고 챙긴다. 나는 내 인생의 주인공이기 때문에 그런 대접을 또 다른 나인 매니저에게 받을 자격이 있다. 그런 기분으로 나를 대접하고 돌보자. 혹시라도 컨디션이 나빠지면 내 인생이라는 무대에서 주인공이 최선의 공연을 못 할 테니까 챙기고 돌보는 것이다.

그렇다고 해서 그 무대에서 항상 최고가 되어야겠다는 강박을 가질 필요는 없다. 어떻게 매번 공연에서 잘하기만 하겠는가. 망칠 때도 있고 실수할 때도 있겠지만 다음 공연에서 더 잘하면 된다. 완벽하게 보일 필요도 없다. 있는 그대로의 나를 인정하고 보여주면 된다. 그렇게 내려놓는 마음조차 나를 돌보는 또 다른 방법이다.

나쁜 인간관계는
절대
참지 마라

I

　좋은 인간관계는 삶을 풍요롭게 한다. 내가 모든 면에서 부족한 사람일지라도 주변에 좋은 관계가 그물처럼 탄탄히 엮여 있으면 소위 '묻어가는' 수가 생긴다. 관계로 인해 외롭지 않고, 힘을 얻고, 지혜가 생긴다. 반대로 나쁜 관계를 맺으면 나도 모르는 사이에 기운이 소진되고 심리적으로 피폐해지며 일에도 직접적으로 나쁜 영향을 미친다.

　그러나 이런 관계의 유익함과 해로움에 대해 우리는 그리 예민하지 않다. 좋은 관계의 가치와 감사함을 모르기도 하고, 나쁜 관계도 평생 끌고 가야 하는 과제인 양 끌어안고 괴로워하며 피해를 보기도 한다. 나쁜 인간관계는 슬기롭게 멀찌감치 밀어내거나 끊어내야 하는데, 그걸 꾹 참아서 병이 되고 일이 꼬이고 삶이 팍팍해지기도 한다.

그렇다면 어떻게 해야 나쁜 관계를 피할 수 있을까? 나쁜 관계를 만드는 사람들의 유형을 알고 경계하는 것도 방법이다. 대체로 이런 사람들을 가까이하면 나쁜 관계가 되기 쉽다.

매사에 부정적인 사람

▬▬▬▬ 일단 매사에 부정적인 사고를 가진 사람들과는 나쁜 관계가 되기 쉽다. 예를 들어, 아들이 원하던 대학에 합격해서 친구들과 축하하는 자리를 마련했다. 그러나 축하한다는 친구들의 덕담에조차 부정적인 말을 습관처럼 하는 사람들이 있다. "뭘 그 대학 나와서 취직이나 하겠냐. 헛돈 쓰는 거지." 이건 자식을 향해 악담하는 것과 마찬가지다. 또 다른 사례 하나. 오랜만에 통화하는 친구에게 "장사도 안 되고, 애들은 속 썩이고, 남편은 아프다고 빌빌대고, 내가 죽지 못해 산다." 이렇게 말하는 사람은 그야말로 부정적인 사고를 하는 사람의 전형이라고 할 수 있다.

나쁜 결과를 늘 예측하며 좋은 일이 있을 때조차 그것이 얼마나 지속될지 부정적으로 생각하는 사람들과는 나쁜 관계가 될 확률이 높다. 부정적인 생각을 가진 사람은 습관적으로 다른 사람과 비교하는 데도 능하다. 늘 필요 이상의 질투에 사로잡히는 유형이라 함께하면 나도 모르게 질투의 대상이 되기 쉽다.

남의 이야기를 안 듣는 사람

━━━━━ 타인의 말에 집중하지 못하는 사람과도 나쁜 관계가 될 확률이 높다. 모임에서 가만히 보면 자신이 말할 때를 제외하고 남이 이야기하는 시간에 늘 딴짓을 하는 사람들이 있다. 남의 이야기에는 관심과 흥미가 없어 그 시간을 버티기가 지루하고 힘든 것이다. 타인에 대한 존중감이 없는 사람들, 그래서 자신이 이야기할 때만 신났다가 다른 이가 이야기할 때는 전혀 관심 없는 얼굴을 하는 지인을 떠올려보라. 떠오르는 얼굴이 있다면 그와의 관계를 한번 되짚어볼 필요가 있다.

나와 맞지 않는 사람

━━━━━ 명백히 나쁜 인간관계보다는 나와 맞지 않는 사람들과의 관계가 훨씬 더 많다. 사람 사이의 일을 어떻게 자로 잰 듯 나쁘

다 좋다 판단할 수 있을까. 그러니 그저 나와 맞느냐, 맞지 않느냐로 구분하는 것이 훨씬 현실적이다. 합이 맞지 않으면 서로 시너지가 생기지 않고 좋은 영향을 주고받지 못하니 결과가 좋을 리 없다. 결국 심하게 맞지 않는 관계는 나쁜 관계가 되는 셈이다.

인생은 생각대로 되지 않는 일투성이다. 이 관계는 내게 맞지 않는 신발처럼 나쁘다 싶으면 멀찌감치 떨어져 있거나 안 보면 그만이다. 회사를 그만둘 수도 있고 친구와 '손절'할 수도 있다. 하지만 새로운 환경으로 바꾼다 하더라도 정도의 차이만 있을 뿐 맞지 않는 사람, 나쁜 관계는 많든 적든 또 생기게 마련이다. 게다가 웬만한 노력으로는 타인의 생각과 행동을 바꾸기 어렵다.

그러니 어떻게 하면 내가 더 편한 관계를 주도해서 나에게 유리해질까에 집중하자. 맞지 않는 관계를 굳이 맞는 관계로 만들려는 노력에 지나친 에너지를 쏟지 않는 것이다. 오히려 상대를 변화시키겠다고 갈등을 일으키면서 소모되는 에너지를 아껴서 나 자신에게 집중하는 것이 이득이다. 어떻게 하면 내가 원하는 바를 이룰까에 골몰하는 것이 현실적이다.

대학원에 다니는 주희는 요즘 불안감이 거의 극에 달하고 있다. 사실 취업이 마땅치 않아 일단 석사과정을 시작했는데 이제 한 학기만 남았다. 취업 환경은 대학원을 들어오기 전보다 훨씬 나빠졌다. 함께 연구실에 있는 동료 K와 J와는 2년을 거의 매일 봐온 사이라 허물이 없기는 하지만 이 둘과의 관계는 각각 다르다. 일단 K는 늘 불평이 많다. 그리고 선후배에 대한 험담과 질투가 습관이다. 같은 프로젝트를 몇 번 하기는 했는데 할 때마다 의견이 크게 갈려 애를 먹었다.

이에 반해 J는 언제나 주희에게 에너지를 높여주는 고마운 존재다. 감사를 입에 달고 살고, 언제나 주희의 이야기를 진지하게 들어준다. 뭔가 면접이라도 볼 일이 생기면 자기 일처럼 고민해주고 거든다. 주희는 매일 보는 친구들이지만 K는 에너지가 소진되는 관계, J는 좋은 인간관계로 규정했다. 그리고 매일 반갑게 인사는 하고 지내지만 K와는 멀찌감치 마음의 거리를 뒀다. J와의 관계에서는 더욱 깊은 신뢰를 공들여 쌓고 있다.

관계에 있어 주희는 이렇듯 주도적이다. 맞지 않는 관계는 마음으로부터 멀어져 스트레스를 받거나 괜한 힘을 빼지 않으려고 노력한다. 친밀한 사람은 J를 포함해 몇몇으로도 충분하다고 생각한다. K와의 관계가 나쁘다고 판단되는 순간 적당히 거리를 두고 에너지를 낭비하지 않는다. 잘 맞지도 않는데 억지로 이어 붙이려 노력하는 관계는 별 의미 없는 일이라 생각하기 때문이다. 모두와 잘 지내야 한다는 강박과 노력도 벗어버렸다.

자기 필요할 때만 찾는 사람

━━━━━ 이런 경우도 있다. P와 고등학교 때부터 둘도 없는 절친이었던 윤희는 맞벌이 부부다. 그녀는 남들이 부러워할 만한 회사에 근무하며 남들이 부러워할 만한 집에 산다. 그런 윤희가 언젠가부터 친구인 P에게 시도 때도 없이 전화를 하거나 만나자고 한다. 직장상사의 갖은 패악 때문에 하루에도 열두 번씩 사직서를 만지작거리는데 남편까지 주식으로 거액을 손해보자 사흘이 멀다 하고 싸운다고 푸념을 늘어놓는다.

집에서건 밖에서건 조용할 날이 없으니 허구한 날 P에게 전화해 하소연하는데 기본이 두 시간이다. 처음에는 '친하니까, 어디 하소연을 할 데도 없을 테니까'라는 마음으로 이해했지만 윤희의 상황이 안 좋을수록 P는 '감정 쓰레기통' 노릇을 계속해야 했다.

윤희의 상황이 나아질 때면 아예 전화가 없어 다행이다 싶지만, 며칠을 못 가서 다시 윤희의 한숨과 눈물을 보자니 지쳐만 간다. 그렇다고 윤희가 P의 일에 관심을 갖는 것도 아니다. 오로지 자신의 격한 감정을 풀 곳이 필요할 뿐이다.

이런 경우가 또 다른 나쁜 관계의 전형이다. 자기가 필요할 때만 찾는 친구에게는 에너지를 뺏기고 감정적으로 지친다. 이런 '프로불만러'들은 과감하게 끊어내는 것이 내 인생에 대한 기본 예의다. 질질 끌려다니면서 기운을 빼앗기고 감정이 소진되면 정작 내가 집중해야 할 일상에 사용할 에너지가 없다. 나의 감정을 피폐하게 하는 사람을 단호하게 멀리하는 통에 내가 나쁜 사람이 될까봐 망설일 필요없다. 그건 나만의 착각이다. 누구나 자신이 제일 중요하다. 자신을 희생하면서까지 남의 감정을 돌봐야 할 경우는 흔하지 않다.

인맥이나 지위를 이용해 자신의 이익만을 채우려는 의도로 접근하는 경우도 위험하고 나쁜 관계다. 따라서 그 사실을 알아차리는 것이 중요하다. 이성적으로 따져볼 때 그저 이용만 당하는 관계의 성격이 파악되면 관계의 공정성이 무너졌음을 알고 그 관계를 쿨하게 끊거나 적어도 관계를 쉬어가는 시도가 나를 보호하는 방편이다.

우리는 모두 누군가와 끊임없이 관계를 맺으며 살아간다. 그 관계는 마치 호흡과 같아서 생존을 위해서는 계속되어야 한다고 생각하는 사람이 많다. 그만큼 사람들은 관계에 의존한다. 그래서 나쁜 관계도 없는 것보다는 나을 거라고, 언젠가는 필요한 때가 올지도 모른다고, 힘들면서도 붙잡고 있는 경우가 많다. 그러나 분명한 것은 나쁜 관계는 사람의 마음을 죽이기도 한다는 것이다. 그래서 내 주변의 나쁜 관계는 참지 않고 정리하거나 쉬어가거나 개선하려는 결단이 필요하다. 그것 때문에 소중한 삶이 나쁜 영향으로 비맞듯 젖어버리면 자신의 인생에 대한 예의가 아니다.

슬기로운
직장 인간관계의
기술

"직장생활은 어떻게 해야 잘하는 건가요?" 〈유세미의 직장수업〉 유튜브 채널을 진행하는 내가 가장 많이 받는 질문이다. "직장생활이 별거냐, 그저 월급 받고 다니면 되는 거지."라고 시니컬하게 말하는 사람들조차 속으로는 직장생활을 잘하고 싶어 한다. 그러기 위해서는 매일, 하루 대부분을 같은 공간에서 보내는 사람들과 잘 지내는 일이 꽤 중요하다.

직장생활을 잘하기 위해서는 직무에 앞서 인간관계가 중요하다는 것을 직장인이라면 다 공감할 것이다. 관계를 건강하고 원활하게 잘 풀어갈 때 직장생활도 잘 풀린다. 따라서 자신의 직무를 열심히 하되, 인간관계도 소홀히 하지 않는 태도가 중요하다. 그래야 전반적인 직장생활을 슬기롭게 풀어나갈 수 있다. 그럼 직장에서 인간관계를 잘 꾸려나가기 위해서는 어떻게 해야 할까?

나쁜 영향을 주는 사람은 걸러내라

▬▬▬▬ 직장에서의 인간관계는 첫 단추가 중요하다. 어떤 사람과 견고한 관계를 유지하느냐보다는 조심해야 할 관계를 걸러내는 것이 우선이다. 특히 사내정치라는 명목하에 패를 가르고 험담하고 이간질하는 동료들과는 처음부터 멀찌감치 떨어지는 것이 좋다. '아휴 뭘, 애도 아니고 그 사람이 그렇다 하더라도 나만 제대로 살면 되지'라고 생각한들 남들 눈에는 다 똑같은 수준으로 보이기 마련이다. 그래서 같은 사람으로 보이면 안 될 것 같은 직원들과는 선을 긋는 것이 관계의 첫 단추를 잘 끼우는 방법이다.

믿을 만한 이미지를 만들고 지켜라

▬▬▬▬ 어울리면 부정적인 영향을 받는 사람들을 걸러냈다면 그다음 직장에서 가져야 할 기본 태도는 신뢰를 무기로 삼는 것이

다. 이것은 지혜로운 직장생활에 절대적인 조건이다. '저 사람은 믿을 만해. 틀림없는 사람이야'라는 이미지가 중요하다. 일에 있어서는 특히 똑 부러지는 태도를 한결같이 유지하는 것은 물론, 일상적으로 사람을 대하는 태도 역시 '변함 없다'는 이미지를 유지하는 것이 중요하다.

김대리는 내년도 예산 계획을 보고하며 까탈스러운 최부장에게 온갖 욕을 다 먹었다. 그것도 직원들이 다 있는 자리에서 그랬으니, 공개적으로 모욕을 당한 셈이다. 회의가 끝나고 퇴근 시간이 되자 박과장이 김대리에게 맥주나 한잔하자고 한다. 자신을 위로하려는 마음은 고마우나 김대리는 선약이 있다며 정중하게 거절했다. 왜 그랬을까?

이 경우 직원들이 삼삼오오 술을 마시며 할 이야기는 뻔하다. 최부장은 왜 그러냐는 둥, 리더의 자질이 의심스럽다는 둥, 계속 저런 상사 밑에 있는 우리가 한심하다는 둥, 최부장 성토 대회를 열 것인데 이를 최부장이 모를 리 없다, 다만 모른 척할 뿐. 정작 김대리는 입 다물고 있었다한들 함께 최부장을 뒷담화한 직원이 되는 것이고, 최부장은 김대리에 대한 이미지가 좋아질 리 없다. 그러니 김대리는 술자리에 안 가는 것이 최선이다. 뒷담화는 자살골임을 아는 것, 이것이 직장생활의 지혜다.

감정폭력으로부터 나 자신을 지켜라

━━━━ 직장상사나 동료의 험담을 하지 않고 신뢰의 이미지를 무기 삼아 최선을 다하더라도 자신이 원치 않는 상황 때문에 마음의 상처를 입는 경우도 많다. '감정폭력'을 휘두르는 소위 '또라이'들은 어느 조직이나 일정 비중 이상 있는 것이 현실이다. 그래서 견고한 관계를 유지하기 위한 고급 기술 중 하나가 감정폭력으로부터 내 마음을 지키는 것이다. 이를 위해서는 평소에 지속적인 셀프 트레이닝이 필요하다. 마음을 지키려면 마음의 근육이 튼튼해야 하는데, 몸처럼 마음도 하루아침에 근육이 만들어지지는 않기 때문이다.

내 마음을 지키는 생각을 딱 하나만 고른다면 '회사는 회사일 뿐'이라는 것이다. 이것은 엄연한 사실이다. 나보다 직장에서 권력과 힘을 가진 사람이 나를 휘두른다고 느낄 때 그것을 멈출 수 있는 가장 강력한 명제이기도 하다. 직장에서 만난 사람은 각자의 목적을 위해 일시적으로 함께 하는 관계다. 신뢰와 협력도 일을 잘해내기 위한 수단일 뿐이다.

직장 사람들은 가족이나 친구처럼 서로의 인생에 영향을 주고받는 사이가 아님을 알아야 한다. 특히 일로 만난 그 누구라도 내 인생에 부정적인 영향을 주지 못한다는 기준을 항상 마음에 두고 있다면 감정폭력으로부터 스스로를 보호할 수 있다.

처세술의 기본기를 다져라

━━━ 직장에서 인간관계를 잘하는 사람들은 비즈니스 마인드가 제대로 장착된 사람들이다. "어떻게 네가 나에게 이럴 수가 있어."라고 흥분하지 않는다. "네가 동생 같아서 하는 말인데."라는 생색도 없다. '가족처럼'이라고 강요하지도 않는다. 단지 흔들리지 않는 기본 처세술이 있을 뿐이다.

직장에서 관계의 기술을 뭐 대단한 기술인 양 부담 갖지 않아도 된다. 처세술의 기본기만 제대로 있어도 충분하다. 경력이나 전문성이 뛰어나도 기본 처세술에 약한 사람이 많다. 그래서 그들은 관계에 서툴다. 작은 일을 대하는 나의 태도가 바로 처세술의 기본이다. 회사에서 대청소를 하는 날, 나의 복장은 청소를 제대로 할 만한 복장이라야 한다. 팔소매를 걷어붙이고 넥타이는 풀자. 작업복같은 티셔츠를 집에서 가지고 와서 갈아입는다면 더 현명하다.

누군들 청소가 즐겁겠는가만 이왕 하는 거 제대로 한다는 태도는 동료들 사이에서 대단히 좋은 이미지를 전한다. 청소 날 중요하지도 않는 전화를 내내 끼고 있는 것, 청소 날 온갖 액세서리에 높은 힐에 미니 스커트나 한껏 빼입은 슈트 차림으로 조심조심 걸어다니며 청소 흉내나 내는 사람은 어리석다. 처세술의 기본기가 없다고 봐야 한다. 궂은일도 이왕 하는 거 제대로 하는 태도가 사람들과의 관계에 있어 나를 유리한 위치에 올려둔다는 사실을 잊지 말아야 한다.

또 다른 처세술의 기본은 표정 관리다. 나는 감정이 겉으로 드러나는 사람인지, 그래서 불만도 얼굴에 확연히 나타나는지 체크해 볼 일이다. 회사에 대해 불평불만이 유독 많은 사람이 있다. 어떤 회사건 부조리한 면이 있고 다들 각자 생각이 있기에 자기 기준에 틀어지면 부정적인 감정을 갖게 된다.

이때 보통 두 부류로 나뉜다. 포커페이스를 유지하는 유형과 얼굴에 확연히 드러나는 유형. 당신은 어느 쪽인가. 당연한 이야기지만 불평불만이 얼굴에 드러나면 자기 얼굴에 자기가 침 뱉는 꼴이다. 웃으면서 불평 불만하는 사람을 본 적 있나? 누구든 부정적인 생각과 말이 바깥으로 나올 때는 얼굴까지 찡그려진다. 감정을 드러내고 입으로는 독설을 쏟아내는 것이야말로 자기 발등을 찍는 꼴이다. 이런 사람은 다른 사람에게 필요 없는 약점이 잡힌 것으로 보면 된다.

직장은 정의를 구현하거나 세계 평화를 위해 헌신하는 곳이 아니다. 가장 정확한 목적은 '먹고사는 수단'이다. 그 목적에 충실하자고 들면 사람과의 관계에 있어서도 담백해진다. 직장상사의 독설에 원형탈모 생기며 고민할 거 없다. 당신도 나도 같은 목적을 가지고 있으니 그 목적에만 충실하자고 치부하면 훨씬 가벼워진다. 관계도 목적이 중요하다. 하루하루 그 목적과 나의 역할에 충실하게 지내는 것, 단지 그것을 위해 직장에서의 인간관계도 잘 관리해야 한다고 심플하게 바라보는 것, 필요 이상으로 무거운 짐으로 받아들이지 말자는 마음, 이런 태도가 직장 인간관계의 기술을 더욱 견고하게 한다.

착하지만
만만해 보이지
않는 법

'내가 만만한가? 가만히 있으니까 가마니로 보이나?' 때때로 이렇게 불쑥 울화가 치밀 때가 있다. 유독 사람들이 나만만하게 보는 것 같아 고민이라는 사람이 적지 않다. 어리다고 해서 만만히 보는 것도 아니다. 나이를 가리지 않는다. 직위의 높낮이도 상관없다. 그야말로 전방위적이다. 애석하게도 만만하게 보이는 사람에게는 함부로 대하는 사람이 참 많다. 이렇게 다른 사람이 나를 만만하게 보는 것 같으면 자존감이 떨어진다.

그렇다고 나쁜 사람으로 보이라는 뜻이 아니다. 좋은 사람이지만 결코 만만하게 대할 수 없는 사람이 있지 않은가. 최소한의 존중을 받으려면 만만하게 보이지 않아야 한다. 어떻게 하면 만만하게 보이지 않을까? 우선 말투를 교정해보자.

정확하게 말하는 습관

━━━ 누군가에게 만만하게 보이지 않는 가장 기본적인 조건 한 가지를 고르라면 그것은 바로 '말'이다. 우물거리거나 말을 정확하게 하지 않으면 만만하게 봐도 된다고 허락해주는 꼴이다. 보통 애매하게 말하는 사람들의 특징은 자신감이 없다. 스스로 자신이 없으니 어중간하게, 모호하게 끝을 흐리며 자신도 무슨 뜻인지 정확히 모르는 말을 한다. 이러면 약한 사람으로 보여 상대방으로 하여금 공격해도 반격이 없을 것이라는 확신을 주게 된다.

정확하게 말하는 기본기 중 하나는 일단 결론부터 정확하게 말하는 것이다. 예를 들어, 생활용품을 취급하는 A브랜드에서 강남에 새로 매장을 오픈했다. 갑자기 폭주한 손님들 때문에 특정 상품이 품절되어 고객 컴플레인이 회사 홈페이지에 올라오기 시작한 상황을 직장상사한테 보고할 때 어떻게 해야 할까?

"팀장님, 오늘 오픈한 매장에 손님이 너무 많아서요. 직원들이 열심히 하기는 하는데요. 물량은 충분히 가져다놨는데요. 의외로 다른 상품을 찾는 손님이 많아가시고…."

이렇게 횡설수설하면 만만하게 보이는 빌미를 제공할 뿐이다.

"팀장님, 오늘 오픈한 강남점에 고객 컴플레인 건으로 보고드리 겠습니다." 이렇게 시작해야 한다. 일단 무슨 말을 할지 상대에게 정확하게 말머리에 똑 부러지게 인지시키는 것이다. 또한 자신이 무슨 이야기를 어떻게 해야 할지 머릿속으로 정리하거나 간단히 메모를 해서 논리적으로 군더더기 없이 이야기하는 사람은 절대 남이 만만히 볼 수 없다.

결론부터, 논리적으로, 쓸데없는 부사나 형용사 같은 군더더기 는 빼고 숫자 중심으로 정확히 이야기하는 버릇을 갖추면 저절로 몸에 자신감이 붙는다. 반대로 자신 없이 쭈뼛대면 공격할 기회를 주는 것이나 다름없다.

애매모호한 부분을 걸러내는 습관

━━━ 사회에는 예상치 못한 복병들이 항상 숨어 있다. 못된 사람들, 말로 화살을 날리거나 나를 공격하는 복병이 있는 게 어쩌 면 당연하다. 내가 뭘 잘못하지 않아도 그런 사람들은 나타나기 마 련인데, 중요한 건 늘 방어할 준비가 되어 있어야 한다는 것이다.

누군가와 이야기하다가 정확한 뜻이 이해되지 않을 때 그런가 보다 하고 넘기면 만만히 보일 수 있다. "지금 말씀하신 게 이런 말씀이죠?"라며 서로 오해가 없도록 핵심을 요약해서 확인하는 습관이 바로 애매모호한 부분을 자동으로 걸러내는 좋은 습관이다. 그리고 특히 비즈니스를 하는 경우에는 대화를 나눈 후 반드시 메일이나 문자를 통해 주요 내용을 증빙으로 남기는 것이 좋다. 나중에 나를 만만히 보고 엉뚱한 소리를 하는 무례한 사람들을 방어하기 위해서다.

자신의 의견을 '제 의견은'이라는 시작으로 정확히 전달하는 것도 좋다. 말꼬리를 흐리며 "저야, 뭐… 그냥…."이라고 중얼대는 건 만만히 봐도 된다는 면죄부를 주는 꼴이다.

약함을 드러낼 때를 구분하는 습관

▬▬▬ 한 인기 연예인이 자기 고민은 '색깔이 없는 것'이라고 고백하는 모습을 봤다. 자신은 그냥 남에게 잘 맞춰준다고 한다. 이런 유형은 마음이 약해서 상대를 지나치게 배려한다. 일과 감정을 잘 구분하지 못하기도 한다. 이런 사람은 착한 사람에게는 고마운 사람이라는 이미지를 주지만, 그렇지 않은 사람에게는 만만한 이미지를 주기 쉽다. 그런 사람들은 빈틈이나 약점을 보일수록 기회를 노려 무례하게 굴거나 공격하기도 한다. 상대를 배려하고 돕는 천성을 하루아침에 고치진 못하지만 나의 약한 마음은 좋은 상

대에게만 선별적으로 드러내야 스스로를 지킬 수 있다.

부당한 행동에 제대로 반응하는 습관

━━━━━　누군가 무례하게 말하면 무안해서, 혹은 화내면 분위기가 어색해질까봐 그냥 아무렇지도 않은 듯 웃어넘기는 경우가 있다. 위아래로 사람을 훑어가며 "그런 옷은 대체 어디서 구하는 거야?"라며 실실 웃는 선배라든가 "야근시키는 게 도와주는 거 아냐? 남친도 없고 남편도 없는데?"라는 직장상사에게 어떻게 대처해야 할까?

웃지 않고 빤히 쳐다보는 침묵으로 항의하든지 "지금 말씀 대단히 무례했던 거 아시죠?"라고 말해준다면 아마 다음부터 그런 식의 부당함은 당하지 않을 확률이 높다. 자신이나 남이 무안할까봐 그냥 참고 웃어넘기는 습관은 오늘부터 버려야 한다. 부당한 행동에 제대로 반응하기. 이것이 바로 만만히 보이지 않는 또 다른 방법이다.

무례한 요구에 당당해지는 습관

━━━━ 무리한 부탁을 당당하게 하는 사람에게 당당하게 거절하는 것이 쉽지는 않다. 그러나 연습하면 점점 익숙해진다. 떼를 쓰듯 말도 안 되는 부탁을 하면서 "좀 해주는 게 뭐가 어려워 우리사이에?"라고 하면 "우리사이가 무슨 사이인데"라고 묻듯 눈을 동그랗게 뜨고 말간 얼굴로 거절해야 한다.

"다 그런 거지, 돕고 살자."라고 하면 "원칙이 아니니 도와줄 수 없다."고 웃으며 거절해야 두고두고 편하다. 원칙이 아닌 무례한 요구를 들어주면 다음번에 안 들어줄 경우 '지난번은 되고 왜 이번에는 안 되냐'고 얼굴 붉히며 당신을 공격할 것이 틀림없다.

만약 이번에는 왜 안 해주냐고 하면 죄송하다고 얼굴 붉힐 필요 없다. '지난번은 지난번이고 이번은 이번'이라고 위축되지 말고 당당히 말해야 한다. 무례하거나 상식에 어긋나는 요구는 항상 당당하게 거절하는 연습이 필요하다.

자신의 미래를 교정하자

━━━━ 성장하는 사람은 만만해 보이지 않는다. 자기 분야의 전문가를 만만히 볼만큼 대단한 사람은 별로 없다. 성장하고 있는

사람은 빈틈이 보일지언정 만만하지 않다. 허술하면서도 매력 있는 사람들은 실력 있는 사람들이다. 실력 없으면서 허술한 건 그냥 단점이고 만만해 보이는 원인이다.

유명 연예인, 과학자, 스포츠 스타 등 그 분야에서 정상을 찍은 사람들이 허당 짓을 하면 매력이라고 한다. 서툴고 실수해도 다 인정하고 재미있어한다. 유명 소설가가 "저는 돈 계산을 잘못해요. 숫자 개념이 없어요."라고 한들 누가 만만히 보는가. 그렇기 때문에 만만히 보이지 않으려면 끊임없이 자기 실력을 키우고 성장하는 데 초점을 맞춰야 한다.

많은 사람이 일에서 오는 스트레스 때문에 힘들다고 한다. 그러나 자기 분야에 관해 점점 더 깊이 알게 되고 성장하면 최소한 직무 스트레스는 줄어든다. 노력 없이 힘들다고만 하면 답이 없다. 자기 자신을 방어할 힘을 스스로 키우지 않으면서 나를 만만히 보는 사람들을 비난하기만 한다고 해결되는 것은 아무것도 없다. 무시당하지 않을 만큼, 만만히 보이지 않을 만큼 스스로 성장하기 위해 지금 무엇을 하고 있는지 뼈아프게 되새겨봐야 할 일이다. 직무든 인간관계든 어제보다 나은 내가 되기 위해 항상 노력하는 사람은 만만해 보이지 않는다. 그들은 언제나 깨어 있기 때문이다.

나를
좋은 사람으로
만드는 습관

"그 사람? 좋은 사람이야." 남들이 나를 어떤 사람으로 봐주기를 원하느냐고 했을 때 가장 욕심나는 대답이다. '좋은 사람'이라는 말에는 여러 가지 의미가 담겨 있다. 유능하면서도 겸손한 사람, 남의 속사정을 알고 배려할 줄 아는 사람, 끊임없이 새로운 일에 도전하고 기쁨을 발견하는 사람, 때로는 남의 허물을 모른 척할 줄 아는 사람…. 개인의 생각에 따라 좋은 사람의 기준은 무궁무진하다. 꼭 다른 사람들에게 좋은 사람으로 보이는 것을 목표로 하지 않아도, 스스로의 좋은 인생을 위해 좋은 사람이 되는 것은 나를 사랑하는 가장 적극적인 방법이다.

광범위하지만 나를 좋은 사람으로 만들 조건을 한 가지로 요약하라고 하면 '긍정적인 사람이 되는 것'이라고 말할 수 있다. 나 스스로에게 먼저, 그리고 남에게 긍정적인 사람은 미래가 밝다. 지금 상황이 어떻든 간에 앞으로 점점 좋은 일이 생길 수밖에 없다. 왜냐고? 감사를 입에 달고 살고, 긍정적으로 생각하니 좋은 에너지는 차고 넘치고, 문제가 생겨도 잘 이겨낼 수 있다는 마음근육이 생기기 때문이다. 게다가 타인을 바라보는 시선도 따뜻하니 좋은 사람이 될 수밖에 없지 않겠는가.

긍정적인 나를 만드는 방법에는 어떤 것들이 있을까?

소소한 즐거움을 찾자

━━━ 긍정적인 사람들은 소소한 즐거움을 잘 찾는다. 뭔가 엄청난 일을 기대할 필요는 없다. 오늘 좋아하는 드라마 방영을 떠올리거나 단골 식당에 여름한철 판매하는 진한 콩국수를 먹으러 가는 것처럼 작은 기대감만으로도 기분이 좋아진다. 비 오는 날은 집에서 김치전을 구워 막걸리를 곁들일 줄 알고, 날이 궂으면 전기장판을 꺼내며 좋아라 한다. 이런 정도의 즐거움을 가성비 높게 즐길 줄 아는 것이 긍정적인 사람의 기본이라 할 수 있다.

작은 일에 감사하자

━━━━━ 소소한 즐거움에 예민한 사람들은 작은 일에 감탄하고 감사하는 마음이 한 세트를 이룬다. 행복감을 뒤로 미루지 말아야 한다는 것을 너무나도 잘 알고 있다. 무심코 당연하다 생각하는 일들이 결코 당연한 것이 아님을 알아차리는 것이 중요하다. 이제 갓 스무 살이 된 자식이 운전면허를 따고 아르바이트를 해서 제 손으로 돈을 벌다니! 감탄이 절로 나온다. 주말농장의 올해 배추 농사가 정말 튼실하니 참 감사하다! 선인장에 꽃이 피었다, 저렇게 예쁘게! 감사한 일이다! 출근하며 오늘도 햇살이 이렇게 좋구나! 멋진 날이야! 하루 종일이라도 감사할 수 있다.

실패를 약으로 쓰자

━━━━━ 감사할 일을 일부러라도 습관처럼 떠올리게 되면 마음의 상처에 대해 면역력이 생긴다. 그래서 실패에 대해서도 잊어야 할 때를 안다. 반면 부정적인 사람은 패배감, 수치스러운 경험을 반복적으로 떠올리며 곱씹는다. 이미 끝난 일을 되짚어 '그때 왜 그랬을까. 그러지 말걸' 하며 몇 년을 두고 떠올렸다 후회하기를 반복한다.

직장인들을 대상으로 일대일 코칭을 하다보면 긍정적인 성향과 부정적인 성향의 사람들이 마음의 상처를 대하는 태도가 어떻게 다른지 확연히 알 수 있다. 직장에서 특히 회의 시간에 발표를 하는 경우 질문에 제대로 대답을 못 하거나, 자료 중 숫자가 틀렸거나 해서 지적을 받거나 웃음거리가 되는 경우가 있다. 이런 상황을 '아, 다음부터는 잘해야지'라고 약으로 쓰고 잊어버리는 사람이 있는가 하면 심각한 트라우마가 되는 사람도 있다. 심한 경우 직장생활을 이어가기가 힘들어지기도 한다. 실패의 상처를 다루는 방법은, 그래서 사회생활을 하는 데 매우 중요하다.

책임을 지는 태도

　━━━━　긍정적이라는 말은 좋은 게 좋은 것이라는 의미가 아니다. 자신의 일에 스스로 흔쾌히 책임을 지는 태도가 긍정적인 태도의 핵심이라고 할 수 있다. 노력도 안 하면서 '다 잘될 거야, 괜찮을 거야, 문제없어'라고 생각하는 것이 긍정이 아니다. 목표로 세운 일을 해내기 위해서는 이 정도의 노력, 이 정도의 위험 감수, 이 정도의 책임을 져야 하는 걸 분명히 아는 것이 바로 긍정의 마음이다. 그래서 긍정적인 사고를 하는 사람일수록 본인의 실수나 잘못을 인정하고 책임지는 데 능하다.

스스로를 용서하자

━━━━ 자기 자신이 잘못한 바를 책임지는 데는 스스로를 용서하는 마음이 반드시 전제되어야 한다. 자신을 용서하지 못한 채 자신을 비난하며 할퀴고 상처 내면서 책임을 지는 것만큼 스스로를 불행하게 만드는 일은 없다. 스스로에 대해 인색할수록 부정적인 마음이 강해진다. 그래서 긍정적인 에너지를 내면에서 끌어올리기 위해서는 자기 자신에게 친절해야 한다. 자신의 잘못을 용서해주고 같은 실수를 반복하지 않기 위해 노력하는 데 시간을 쏟으면 긍정적인 사고에 가속도가 붙는다.

이처럼 나를 좋은 사람으로 만드는 습관 다섯 가지를 몸에 붙이다 보면 자연스럽게 남들이 좋아하는 사람이 되어가는 스스로를 발견할 수 있다. 긍정적인 에너지가 아우라처럼 감싸고 있는 사람을 누군들 좋아하지 않겠는가. 좋은 사람을 만나 선한 영향력을 주고받으려면 먼저 내가 좋은 사람이 되어야 한다. 그래서 좋은 인간관계를 맺는 것은 먼저 나 자신에게서 출발한다. 세상에 거저 얻는 것은 없다. 내가 좋은 사람이 되어야 좋은 사람을 만나니 세상 쉽지 않다고 할밖에.

좋은 사람을
제대로
알아보려면

"좋은 사람이에요, 엄청." tvN 드라마 〈나의 아저씨〉에서 여자 주인공이 마주 앉은 남자를 향해 나직이 내뱉는 대사였다. 사람마다 다르겠지만 '좋은 사람'이란 보통 신뢰할 수 있는 사람이나 선한 사람을 말한다. 직장이라면 유능한 사람도 좋은 사람이 될 수 있다. 내게 도움을 주는 사람도 물론 좋은 사람이라고 할 만하다.

그런데 그 좋은 사람은 어떻게 알아볼 수 있을까? 겉모습만 언뜻 봐서는 사실 잘 모른다. 그래서 사람 보는 눈을 키워야 한다. 좋은 사람을 제대로 알아보고 내 곁에 두려고 노력하는 것이 인생을 살아가는 큰 지혜이자 능력이기 때문이다. 사람을 잘 보는 방법을 소개한다.

외모로 판단하지 말자

━━━━━ 사람을 볼 때 조심해야 할 것은 우선 외모에 속으면 안 된다는 것이다. 비록 나는 외모로 평가받을지라도 누군가를 외모로 평가해서는 좋은 사람을 가려낼 수 없다. 친절하고 세련되고 잘생기거나 예쁜 사람을 보면 일단 좋은 사람으로 생각하고픈 심리가 누구에게나 있다. 그러나 좋은 사람을 알아보는 지혜는 겉모습이 아닌 그 사람의 이면을 꿰뚫어 보는 능력이다.

말보다 '뭘 했는지'를 보자

━━━━━ 사람의 이면을 보려면 그 사람의 말보다 작은 습관과 성취에 주목해보자. 말투나 뉘앙스는 물론 말의 내용만 봐서는 착각하기 쉽다. "저는 어려운 사람들에게 사랑을 나누는 사람이 되고 싶습니다. 봉사활동도 하고 기부도 하면서 살고 싶어요."라고 누군가 말했다고 해보자. 좋은 생각을 가지고 있는 사람이니 좋은

사람으로 믿어도 될까? 아직은 안 하고 있지만 나중에 돈 벌면 그렇게 살고 싶다는 이야기는 그냥 상상일 뿐이다. 현재 단돈 1만 원이라도 월 정기 기부를 하고 있는 사람은 이미 작은 성취를 이루고 있는 사람이다. 이미 이룬 성취를 근거로 좋은 사람인지 판단해야 한다.

직장을 다니면서 틈틈이 자격증 공부를 해서 어떤 자격증을 취득하는 게 올해 목표라는 말에는 아직 결과가 없다. 그 사람을 판단하는 데 어떤 영향도 끼치지 못한다. 오히려 "저는 10년 테니스를 꾸준히 했습니다."라고 자신의 취미를 소개하는 사람이라면 자기관리를 제대로 하고 있는 사람이라 이해해도 된다.

아주 작은 것이라도 비가 오나 눈이 오나 오랫동안 꾸준히 하는 사람은 성실성과 자기의지가 강한 사람이다. 사람을 볼 때는 이렇듯 그 사람의 단순한 말의 내용이 아니라 성취한 바를 기준으로 삼아야 한다.

일부 정치인이 존경받지 못하는 이유가 뭘까? 말한 대로 살지 않기 때문이다. 자기가 한 말을 지키며 사는 데는 대단한 의지가 필요하다. 오해한 거라고, 그렇게 말한 적 없다고 눈 동그랗게 뜨고 오리발 내밀거나, 약속을 해놓고 깜빡 잊었다고, 그럴 수도 있는 거 아니냐는 식으로 나오는 사람은 좋은 사람일 리 없다.

크든 작든 약속을 했으면 어쨌든 그 약속을 지키는 사람, 그러기 위해 메모를 꼼꼼히 하고 미리 상대의 상황을 확인하는 사람은 신뢰할 수 있고 좋은 사람으로 생각해도 틀리지 않는다.

그 사람이 어울리는 사람들을 보자

━━━ '사람을 잘 본다'는 말을 듣고 싶다면 가장 쉬운 방법은 그 사람이 누구랑 어울리는지 관찰하는 것이다. '끼리끼리, 그 밥에 그 나물'이라는 표현이 괜히 있는 말이 아니다. 배우자감에 대한 고민을 털어놓는 사람들이 많다. 그 사람과 결혼해도 될지 좋은 사람인지 판단이 안 된다는 거다. 그럴 때 나는 그 사람의 친구를 만나보라는 조언을 꼭 하는 편이다.

좋은 사람은 좋은 사람들과 어울린다. 좋은 친구를 자랑스럽게, 친해도 귀하게 대접할 줄 아는 사람은 좋은 사람일 가능성이 높다. 특히 소개팅으로 처음 만난다면, 상대방에게 "친구 많으세요? 라고 물어보라. 친구에 대한 그의 설명에 귀를 기울일 필요가 있다. 친구 소개를 친구의 직업, 사는 동네, 물질적인 힘으로 설명하는 사람보다는 그의 인성과 좋은 점, 함께한 추억으로 소개하는 사람이 인격적으로 더 성숙한 사람이다.

공감 능력이 있는지 살피자

━━━━━ 예전에 지인이 동업하게 되었다는 파트너를 만난 적이 있다. 식사 자리였는데 그 파트너는 초면인 내 앞에서 내 지인을 자꾸 깎아내리는 버릇이 있었다. 말끝마다 "그게 아니고요, 모르셔서 하는 말씀인데요."라고 했다. 그 파트너는 마케팅을 전혀 모르는 내 지인을 보완해줄 마케터였지만 그의 태도는 부적절했다. 결국 나는 지인에게 그와 함께 일하는 건 다시 생각해보는 게 어떨까 하고 조심스럽게 조언했다.

남을 배려할 줄 모르고 공감 능력이 떨어지면 좋은 사람이 아닐 뿐더러 비즈니스에서도 시너지를 내기 어렵다. 타인이 있는 자리에서 남을 무시하거나 무안 주는 사람은 공감 능력이 제로에 가깝다. 대학 입학 시즌에 남의 아들딸이 어느 대학에 붙고 누가 대학에 떨어졌는지 궁금해 죽는 사람, 떨어진 줄 뻔히 알면서도 굳이 전화해서 "됐어? 안 됐어?" 물어보며 재수를 할 건지 어쩔 건지 꼬치꼬치 신바람 나서 캐묻는 사람들 또한 공감 능력이 약에 쓰려고 해도 없는 유형이다.

이와 반대로 좋은 사람들은 대부분 공감 능력이 뛰어나다. 몇 십 년 만에 동창회에 처음 나와 쭈뼛거리는, 얼굴도 잘 기억 안 나는 친구의 손목을 반갑게 끌며 가운데 자리에 앉히고 자신은 가장자리에 앉는 사람, 상사에게 야단맞아 의기소침해 있는 직장동료를 그냥 내버려둘 때와 다가가 위로할 때를 정확히 아는 사람, 퇴직 압박을 받는 남편의 고민을 잔소리 없이 바라봐주는 아내…. 이런 사람들이 공감의 고수들이다. 공감 능력은 사람을 사랑하는 능력이라고 해도 틀리지 않다.

배려할 줄 알고 공감 능력이 뛰어난 사람만 골라낼 줄 알아도 사람 보는 눈이 매섭다는 소리를 들을 수 있다.

말을 종류별로 풀어놓아 그렇지 사실 다 평범한 이야기다. 결국 상식적인 사람이 좋은 사람이라는 것. 그러나 화려한 언변과 외모에 현혹당하는 사람들은 이런 상식을 적절히 기준 삼지 못하는 경우도 있다. 특히 조심해야 할 일이다. 좋은 사람을 열린 마음으로 잘 알아보고 내 편으로 만들면 인생이 따뜻해진다. 그러나 나 스스로 좋은 사람이 되어야 좋은 사람들이 곁에 모인다. 그게 공짜는 없는 세상의 이치다.

사람 때문에
상처 입지
않으려면

화병火病은 우리나라에만 있는 독특한 단어다. 영어사전에서 'hwa-byung'을 찾으면 '스트레스로 인한 감정적 장애'라는 식으로 풀어놓았다. 이렇게 설명해서야 화병의 진짜 뉘앙스를 설명하기에는 역부족이다. 화병은 대부분 사람이 원인이다. 사람에게서 받은 상처가 안에서 치유되지 못한 채 마음에 병을 일으킨 셈이다.

사람에 따라 기질이 다르긴 하지만 유난히 사람에게서 받는 상처에 취약한 유형이 있다. 그들은 누군가에게 상처를 자주 크게 받기 때문에 관계에 대한 두려움이 크다. 그래서 사람들에게 다가가는 것도, 누군가 다가오는 것도 꺼리고 회피한다. 결국 피상적인 인간관계, 최소한의 인간관계를 유지하느라 점점 더 비사회적인 일상을 살게 되고 사회에서는 원만하지 않은 사람으로 낙인찍히기도 한다.

또 다른 유형은 거꾸로 상처 입지 않기 위해 유난히 다른 사람에게 잘 보이려 노력하느라 마음이 힘든 경우다. 미리 상처받지 않기 위해 타인에게 잘해주고, 애를 쓰지만 자신의 노력에 비해 그들의 반응이 기대 이하일 경우 상처받는다. 게다가 티를 내지 않느라 마음이 더 고생이다.

어느 쪽도 결코 행복하지 않다. 보통 남에게 휘둘리는 사람은 항상 남들에게 관심이 많다. 그들이 나를 어떻게 생각할까에 집착하고 지속적으로 그들의 사랑과 인정을 갈구한다. 그들이 말이나 태도로 나에게 상처를 입혀도 좋은 게 좋은 거라고 참고 넘기기 쉽다. 그러다 보니 이미 상처 난 마음을 치유하기도 어렵다. 악순환이다.

그래서 사람 때문에 상처받지 않는 마음의 훈련을 스스로 하는 노력이 중요하다. 마음이 튼튼해야 웬만한 상처는 그저 '별거 아니야'라는 마음으로 이겨낼 수 있기 때문이다. 마음의 상처를 피하려면 다음 두 가지를 명심하자.

남은 나와 다르다

━━━━━ 상처를 방어하는 가장 우선된 방법으로는 타인은 내 마음과 다르다는 것을 충분히 인지하는 것이다. 포인트는 '이해'가 아니라 '인지'이다. 나와 다른 생각을 하는 사람에 대해 '어떻게 저럴 수가 있지?' 싶은 점을 이해하려고 노력하지 않아도 된다. 그저 사람은 다 다르다는 걸 인지하고 있으면 된다.

말끝마다 "나는 절대 이해 못해, 그 사람이랑은 말이 안 통해, 그건 나한테는 안 될 일이야."라는 말을 하는 사람이 있다. 이런 사람들이 주로 타인에 의해 상처를 쉽게 받는다. 타인은 내가 아니기 때문에 제각각 다르다는 것을 제대로 인지하지 못하고 있기 때문이다.

우리는 보통 타인의 마음을 내 기준으로 정하고, 오려 붙이고, 해석하려 든다. 그러나 지구상에서 나와 똑같은 사람을 찾는 것만큼 나와 똑같은 마음을 가진 사람을 찾기는 어렵다.

각자 자기 역할을 연기할 뿐이다

━━━━━ 타인이 내 마음 같지 않은 것이 당연하다는 시각을 가지게 되면 인생이라는 무대에 다양한 역할이 존재한다는 것도 이

해할 수 있게 된다. 우리는 각자 자기 인생 무대의 주인공이다. 동시에 서로 남의 인생에 조연으로 출연한다.

인생이라는 무대에는 리허설도 없고 미리 짜놓은 대본도 없다. 그저 막이 열리고 조명이 비치면 어떤 일이 새롭게 시작될지 모르는 채 모두 무대에 선다. 그중에는 악역도 있고, 비극의 주인공도 있다. 억울하게 당하기만 하는 약한 자가 있고 타고난 금수저이면서 종일 투덜대는 한심한 역할도 있다.

나는 그 다양한 인생의 무대에서 어떤 역할을 맡았는가. 사사건건 나를 괴롭히고 부당하게 대우하는 못된 역할들을 부지기수로 만나고 있지 않은가. 누군가 때문에 괴로울 때 그들이 못된 역할을 충실히 하고 있는 것으로 받아들이면 상처로부터 꽤 자유로워질 수 있다.

타인은 내 마음 같지 않다거나 인생은 온갖 역할이 만나고 헤어지고를 반복하는 무대라는 사실을 제대로 이해하면, 세상을 보는 관점이 다양해진다. 누가 누구보다 못나고 틀렸고가 아니라 대부분의 경우는 그저 '좀 다르군, 흥미롭군'이라는 느긋한 마음이 생긴다. 그런 마음이 중심에 버티고 서면 웬만한 남의 말과 행동에는 휘둘리지 않을 수 있다. 관점이 다양해질 때 예전 같으면 상처를 입을 만한 일에서도 한발 물러날 수 있다.

유정은 남편과 함께 편의점을 오픈했다. 변두리 구멍가게 정도의 작은 규모지만 전 재산을 쏟아부었다고 할 만큼 큰 모험이었다. 문제는 시댁에서 제사나 생일 같은 행사가 있을 때마다 한바탕 전쟁을 치른다는 것이다. 아르바이트를 고용하는 것조차 부담스러운 소규모라 자리를 비울 수 없는 유정은 집안 행사 때마다 상처를 입는다. 시어머니는 아르바이트에게 맡겨놓으면 되지 그깟 편의점이 대수냐고 매번 날카롭게 쏘아붙이고, 시누이들도 못마땅한 한숨으로 한마디씩 거든다. 제일 어이없는 사람은 남편이다. 시집 식구들 앞에 좀 변명이라도 해주면 좋으련만 그럴 때마다 기다렸다는 듯이 혼자 시댁으로 신바람 나게 달려가면 그만이다. 이렇게 고생하는 게 무슨 의미가 있나 하는 생각에 의욕도 사라진다.

이 경우 앞서 설명한 원칙들을 순서대로 자신의 마음에 적용하면 상처로부터 상당 부분 자유로워질 수 있다. 시어머니가 "오기 싫어서 하는 핑계지, 맏며느리가 되어서 가게 지킨다고 제사도 빼먹는 건 어디서 배운 버르장머리냐, 네 부모가 그렇게 가르치더냐."라고 해도 시어머니의 마음이 내 마음과 똑같지 않은 것은 당연하다고 여겨야 한다. 혹시 아는가. 자신이 그 입장이 되었을 때 시어머니보다 더 서운해할지. 그 자리에 가보지 않고는 모른다는 말도 다시 한번 떠올린다.

그리고 인생의 많은 역할에 대해 생각해본다. 내 인생에 조연으로 출연하는 시어머니와 시누이들. 그들은 그런 캐릭터의 역할을 소화해내고 있다. 시어머니를 부추기는 시누이들은 무대 위에서 그런 역할을 충실하게 해내고 있을 뿐이다. 모두 다른 역할이다.

　여기까지 마음이 전진했으면 이미 다양한 관점을 가지고 바라보는 일은 쉽다. '저렇게 화가 나니까 일부러 상처 주는 말도 할 수도 있겠군. 그들 입장에서는 그럴 수도 있지.' 그들의 관점과 나의 관점을 넘나드는 일이 수월해지면 마음의 탄력성도 좋아진다.

　상처에서 자유로워지는 것은 자신의 노력으로 가능하다. 결국 자신을 바라보는 긍정적인 결심만이 이런 노력을 가능하게 한다. 우리는 손가락 끝만 다쳐도 약 바르고 밴드를 동여매지 않는가. 나 여기 다쳐서 아프다고 다른 이들에게 보여주기까지 한다. 그런데 마음의 상처는 주로 숨기기에 급급하다. 안 그런 척한다. 약도 바르지 않는다. 그래서 상처는 더 심해진다. 이제는 마음이 긁히고 찢기고 하는 상처도 드러내서 치료하고 더 이상 상처받지 않기 위해 그들을 마주하는 내 마음을 무장해야 한다. 그것만이 진정 나 스스로를 아껴주고 사랑하는 일이다.

자기 자신과
잘 지내는 게
먼저다

좋은 관계로 견고하게 엮인 사람이 있다는 것은 인생
의 선물이다. 생각만 해도 기분이 좋아지는 사람이 내 인생 길에
동행한다고 생각하면 마음 저 깊은 곳에서부터 기쁨이 샘물처럼
퐁퐁 솟아나는 느낌이 든다. 친구든, 선배든, 직장동료든 그런 사
람과 잘 지낸다면 세상을 살아가면서 예기치 않은 어려움이 닥쳤
을 때 이겨내는 힘이 된다.

그렇다고 해서 누구나 다 좋고 견고한 관계를 가질 수 있는 것은
아니다. 타인과 좋은 관계를 유지하려면 우선 자기 자신과 잘 지내
는 능력을 갖춰야 한다. 의외로 자신과 잘 지내지 못하는 사람이

많다. 남에게는 친절하면서 자신에게는 불친절하거나 인색하다. 가족들이나 친구들의 취향은 자상하게도 잘 알지만 자기 스스로는 뭘 원하는지, 좋아하는지는 잘 모른다. 자신에 대해서는 낯설다고 할 만큼 관심이 없는 경우도 많다. 그러나 나 자신과 잘 지내는 것은 인생을 건강하게 잘 살아가는 기본이 된다. 어떻게 해야 나 자신과 잘 지낼 수 있을까?

자기 자신을 제대로 대접하자

━━━━ 일상이나 드라마에서 이런 말을 들을 때가 있다. "내가 너한테 이런 대접을 받아야겠니?" 상대에게 서운하거나 부당하다고 느낄 때 하는 말이다. 나는 이것보다는 더 제대로 된 대접을 받아야 마땅하다는 항변이다. 이것을 고스란히 스스로에게 질문해보면 또 다른 답이 나온다. "내가 나에게 남보다 못한 대접을 받아야 하는가?" 이 질문에 말문이 턱 막히는 사람이 많을 것이다. 타인 위주로 사는 사람들은 더욱 그렇다. 나에게 잘해주는 것을 이기적이거나 생각이 없는 사람이라고 잘못 받아들이는 경우가 많다. 그게 과연 정당한 말인가?

남편이나 아이들에게는 온갖 수발을 다 들면서 정작 자신은 싱크대에 서서 남은 반찬과 식은 밥으로 끼니를 대충 때우는 것이 아무렇지도 않다면 그 사람은 자신과 잘 지낼 확률이 매우 떨어진다. 아이들 사교육비는 대출을 받아서라도 허둥지둥 메꾸고, 유명 브랜드 신발이나 옷도 기죽지 않게 사줘야 하는데 정작 가장인 자신은 10년 된 낡은 양복만 입는 것을 당연히 여기는 사람 또한 자신과 잘 지내지 못할 가능성이 농후하다. 자신과 잘 지내려면 자기를 제대로 대접할 줄 알아야 하는 것이 기본이다.

나에 대해서 잘 알아야 한다

────── "꿈이 뭡니까?"라거나 "어떤 걸 좋아해요?"라고 누군가 물었을 때 "글쎄, 이 나이에 꿈은 뭐…. 그냥 가족들 건강하면 되지."라든가 "좋아하는 거? 뭐, 딱히… 뭐 좋아하더라?"라고 머뭇댄다면 평소에 자기 자신에 관해 생각을 거의 해보지 않았다는 뜻이다. 이 또한 인생에서 스스로를 소중히 여기는 시간이 부족해서가 아닐까.

나와 잘 지내려면 이렇듯 나에 대해서 잘 알아야 한다. 지금 몇 살이든 관계없다. 어떤 인생을 살고 싶은지, 올해 계획은 무엇인지, 무엇을 꿈꾸고 있는지를 누군가 묻는다면, 눈이 초롱초롱해지며 자신이 평소에 하고 싶었던 것들을 신나게 말할 수 있는 사람은 자기 자신에 대해 잘 알고 있는 사람이다.

낯선 동네에서 어쩌다 우연히 발견한 작은 카페에서 커피 한 잔을 아껴 마시며 들고 간 책을 읽고 이따금 고개 들어 햇살을 쬐는 것을 좋아한다고 말할 줄 아는 사람, 또는 글쓰기 공부를 해서 꼭 책 한 권을 출판하고 싶다는 팔순의 할머니도 자신을 잘 아는 사람이다.

자신의 감정을 마주하자

━━━ 나에 대해 잘 알기 위해서는 자신을 긍정적으로 바라보는 시선이 중요하다. '내가 뭘…', '내 주제에…'라는 생각을 은연중에 하는 사람들은 자신을 바로 보는 자체를 회피한다. 타인에게 상처 입은 마음조차 스스로에게 속인다. 별거 아니라고, 사회생활하다 보면 다 그렇게 무시당하고 기분 나쁜 일도 있는 거라고. 그렇지만 그 감정을 제대로 알아차리고 해소하는 과정이 없으면 자신을 점차 잃어가며, 결국 스스로와의 관계도 서먹해진다.

기분이 울적하면 왜 그런지, 불안하면 또 왜 그런지 스스로의 감정을 알아차리고 해소하는 것이 나를 잘 알고, 나와 잘 지내기 위한 우선적인 방법이다. 어떻게 해야 내 감정을 제대로 알아차리고 나쁜 기분을 해소할지를 모른다면 무조건 노트를 펴들고 자신의 현재 감정을 적어 내려가는 것도 좋은 방법이다. 왜 그런 감정을 갖게 되었는지는 곰곰 따져보면 다 원인이 있게 마련이니까. 쓰다 보면 훨씬 더 선명하게 알 수 있다. 이런 과정은 자신을 잘 알게 되고 잘 돌보게 하는 좋은 시도다.

자기 자신과 화해하자

━━━━ 나와 잘 지내는 또 다른 방법은, 긍정적으로 자신을 바라보고 감정의 변화, 생각의 흐름을 잘 알아주는 것에서 한발 더 나아가 자기와의 화해를 시도하는 것이다. 나를 아끼고 존중한다는 것은 남을 아끼고 존중하는 것과 별반 다르지 않다. 내가 정말 아끼고 존중하는 사람이 있는데, 그와 트러블이 있다면 마음이 불편하지 않겠는가. 내가 그를 좋아하는 만큼 얼른 내 쪽에서 화해를 시도하는 건 당연하다.

자기 자신과의 관계도 마찬가지다. 나 자신과 사이가 틀어진다 싶으면 얼른 다시 훈훈하고 다정한 사이로 회복되도록 화해를 시도해야 한다. 나와 화해를 하려면 보다 적극적인 노력이 필요할지도 모른다. 자신과 화해한다는 것은 나 자신을 더 힘들게 하지 않겠다, 잘해주겠다, 그야말로 행복하게 해주겠다는 약속을 하는 것과 비슷하다.

그러기 위해서는 무조건 타인에게 잘 보이기 위해, 모든 이에게 좋은 사람이라는 소리를 듣기 위해 자신을 희생하고 힘들게 하는 일을 멈춰야 한다. 나를 무례하게 대하고 무리한 부탁을 하는 사람에게 당당히 웃으며 거절할 줄도 알아야 한다. 그래야 나 자신과의 관계가 다소 틀어지더라도 화해가 가능하다.

우리는 이 세상에서 오직 하나뿐인 '나 자신'과 가장 좋은 친구가 되어야 한다. 그야말로 비가 오나 눈이 오나 죽는 그 순간까지 함께하기 때문이다. 그런 나를 소홀히 하지 말자. 지금보다 더 자주 바라보고 존중하는 마음이 넘쳐야 한다. 그것이 살아가며 행복해지는 비결이다. 아직도 나와 잘 지내는 방법에 서툴러 허둥거린다면 '나는 뭘 제일 좋아할까'라는 질문에 답해보는 것으로 출발해도 좋다. 좋아하는 것을 물어봐주고 좋아하는 것을 해주려는 사람에게 점점 더 호감을 느끼는 건 당연한 일일 테니 이보다 쉬운 방법은 없다.

나를 알아가는 셀프 Q&A

1. 나에게 완벽한 날은 어떤 날인가?
2. 죽기 전에 참 잘했다고 나를 칭찬할 일 세 가지를 써보자.
3. 나에게 단 하나의 새로운 능력이 생긴다면 어떤 능력을 갖고 싶은가?
4. 단 한 사람과 아주 근사한 저녁을 먹을 수 있다면 누구와 먹고 싶은가?
5. 살 수 있는 날이 6개월 남았다면 어떻게 살고 싶은가?

6. 어떤 사람으로 세상에 알려지기를 원하는가?

7. 내 삶에 가장 소중한 것 딱 한 가지를 고른다면?

8. 지금까지 살면서 가장 감사한 일 세 가지를 써보자.

9. 올해 나의 계획은 무엇이고, 얼마나 이루고 있는가?

10. 3일간의 자유 시간이 주어진다면 어떻게 보내고 싶은가?

그놈의 자존감! 자존감 높이는 법

누구나 스스로가 초라하게 여겨질 때가 있다. 뭘 입어도 시원찮고 머리도 마음에 안 들고, 어느 모임에 가서도 왠지 뒤처지는 느낌. 성적이 안 나오거나 목표로 했던 시험에 떨어지고, 직장에서 호되게 지적을 받거나 매출이 곤두박질치는 경험을 한다. 그럴 때는 모두 나를 비웃는 것 같은 기분이 든다. 세상에서 뒤처지고 내몰리는 느낌은 사람에 따라 강도가 다를 뿐 누구나 느낄 것이다. 자존감이 나락으로 떨어지는 듯한 상황에서는 어떻게 빠져나올 수 있을까?

타인이 아니라 '나'로, 인생의 중심을 재설정하라

나는 주로 기업을 대상으로 다양한 주제에 대해 강연하는데, 특히 신입사원을 대상으로 강의할 때가 즐겁다. 이제 시작하는 그들이 내뿜는 희망과 열정이 고스란히 전해지기 때문이다. 최근 코로나로 인해 교육장에서는 마스크를 쓰고 눈만 내놓고 강의를 듣는다. 그런데 누구는 눈이 자신감으로 반짝이고, 누구는 위축되고 주눅 든 눈으로 바라본다. 엇비슷한 실력으로 합격한 신입사원들이지만 눈빛만 봐도 차이가 느껴진다.

질문을 해보면 더 확연해진다. 손을 들게 하거나 발표를 시키면 거침없이 자기 의견을 내는 사람이 있는가 하면, 일단 주변 동료를 바라보며 결정을 주저하는 사람도 있다. 천성 탓도 있겠지만 나의 결정에 앞서 남들은 어떻게 생각하는지를 먼저 걱정하는 생각습관 때문이다.

이는 자존감과 매우 밀접하다. 전부라고 말하기는 곤란하지만 자존감이 떨어지는 사람들은 주변을 먼저 둘러본다. 남이 나를 어떤 결정을 내리는 사람으로 보는지가 중요하기 때문이다. 이는 인생의 중심이 타인이라서 그렇다. 남이 잘한다고 하면 자존감이 하늘 높은 줄 모르고 올라갔다가, 형편없다는 근거 없는 이야기라도 들으면 자존감이 바닥을 치는 유형. 이런 사람의 자존감은 롤러코스트를 탄다.

관계를 살리기 위해 일단 내 자존감을 높이는 것이 중요하다 싶으면 지금 결정해야 한다. 내 인생의 중심이 나인지, 타인인지. 그 결정이 자기 자신의 내면을 조금 더 탄탄하게 만드는 출발점이 된다.

자존감은 일상에서 자란다

자존감은 하루아침에 쑥 자라나지 않는다. 또한 한 번 자랐다고 그 상태를 저절로 유지하거나 자연 성장을 이루지도 않는다. 특히 자존감이 원래 낮은 편이라고 걱정 많은 사람의 경우 그냥 두면 언제 곤두박질칠지 모른다. 마치 짐을 가득 실은 수레를 끌고 언덕길을 올라가는 것과 비슷하다. 수레에는 자신감, 나의 가능성, 빛나는 미래, 이루어야 할 계획 등이 가득 담겨 있다. 자존감의 언덕을 꾸준히 오르다가도 수레를 놓치면 그대로 언덕 아래로 굴러 내려간다. 그러면 다시 끌고 올라가는 과정을 반복해야 한다. 그렇기 때문에 자존감을 높이려면 일상에서 꾸준히 노력해야 한다. 하지만 작은 습관으로도 충분히 자존감을 높일 수 있으니, 노력에 비해 가성비가 높다고 볼 수 있다.

아침마다 잠깐씩 나를 칭찬하는 습관이 제일 쉽고 효과적이다. 나를 칭찬하는 순간을 일부러라도 많이 만드는 습관이 좋다. "아무리 생각해도 칭찬할 게 없는데요."라고 실망할 필요 없다. 칭찬 그 자체가 목적이지 칭찬할 일의 수준은 중요하지 않다. 그래서 작은 성취라도 이것저것 챙기는 게 효과적이다.

예를 들어, 하루에 윗몸일으키기를 다섯 번 하는 목표를 만들고 이를 이룰 때 자신을 칭찬하는 것이다. 하루에 윗몸일으키기 쉰 번은 과도한 목표지만 다섯 번은 성취하고 자신을 칭찬하기에 만만하다. 하루 두 시간 영어공부를 하겠다는 목표는 좌절하기 쉬워도 하루에 영어 문장 두 개를 익히겠다는 목표는 성공할 확률이 아주 높다. 그렇게 자잘한 목표와 루틴을 만들어 마치 작은 진주를 엮어 빛나는 목걸이를 만들 듯 자신을 칭찬하면 된다.

　일상에서 자존감을 높이기 위해서는 생각습관이 가장 중요하다. 완벽하지 않아도 된다는 마음을 갖자. 한 번의 실수나 실패로 나를 그저 그런 사람으로 지나치게 몰아세우는 부정적인 생각습관만 버려도 훨씬 좋아진다. 작은 성공으로 자주 나를 칭찬하면 생각습관도 점차 바뀔 수 있다. 그러다가 실패를 경험한다 하더라도 이미 좋아지기 시작한 자존감은 상승 무드를 탄다.

　예를 들어, 칭찬으로 자신감이 붙던 중 중요한 시험에 떨어졌다고 치자. 평소라면 '그래, 내가 그렇지 뭐. 그 시험에 될 리가 있어'라고 생각하겠지만 칭찬으로 마음근육이 튼튼해지는 중인 사람이라면 실패를 지나치게 일반화하지는 않는다. '그래, 이번에는 떨어졌지만 다시 도전하자. 다음에 붙으면 돼. 다시 화이팅이야'라고 생각하게 될 것이다.

아무도 나 대신 살아주지 않는다

"왜 다들 자존감 타령이야?"라는 소리가 절로 나온다. 그만큼 중요하기 때문에 자존감에 대한 이야기는 끊이지 않는다. 자존 감을 위한 온갖 비법과 방책이 난무하지만 그중 가장 빛나는 문장은 '아무도 나 대신 살아주지 않는다'라는 말이다. 온 우주를 뒤져 나는 유일한 존재다. 그야말로 대체 불가, 그 자체만으로도 충분히 범접하지 못할 후광과 가치가 있다고 믿어도 좋다. 나를 대신할 수 있는 존재가 없고 아무도 나 대신 살아주지 않는다면, 각자 인생 남의 눈치 볼 것 없이 최선을 다해 살아야 한다는 생각이 든다. 그런 마음이 제일 효용가치 높게 쓰이는 경우는 새로운 인간관계를 만들거나 견고하게 할 때다.

J는 퇴직 후 새로운 직업을 찾느라 애를 먹었다. 뜻하지 않은 퇴직이라 준비할 시간이 없었기 때문이다. 여러 군데 이력서도 내보았지만 경력이나 나이가 어정쩡해 맞춤한 자리를 찾기는 하늘의 별 따기인 듯했다. 그래서 시작한 것이 보험 상품을 파는 일이었다. 이 역시 만만치 않지만 그래도 그동안 공들여 쌓아놓은 인맥이 큰 힘이 될 거라고 생각했다.

그러나 웬걸, 도와주리라고 생각했던 지인들과 친구들이 하나같이 난색을 표하는 게 아닌가. 지금은 형편이 안 좋아서, 이미 들어놓은 보험이 많아서 등 온갖 이유를 들며 거절했다. J는 예상치 못한 반응에 당황했으나 곧 정신을 가다듬었다. '그래, 갑자기 계획에도 없던 보험을 냉큼 들 수 없을 거야. 오히려 내가 미안한 일이지' 생각하고 웃으며 그들을 대했다. 그렇게 수십 번의 거절 끝에 상품을 판매하게 되었을 때는 '그래, 이거야. 나에게 보험을 잘 파는 능력이 있었어. 대단해'라고 스스로를 칭찬했다.

이런 태도는 사람들과의 관계를 전혀 망가뜨리지 않고 오히려 견고하게 만든다. 남의 눈치를 보거나 망신스럽다고 주눅 들지 않고 내 인생 내가 산다는 마음이 작동하면 관계를 깨지 않으면서 일에서도 성과를 낸다. 반대로 '오죽하면 내가 보험을 한다고 생각하겠어. 실패한 인생으로 나를 보지 않을까'라며 남의 눈에 어떻게 비칠까 전전긍긍하면 자존감이 떨어지고 성과도 없다. 이렇게 자존감은 인간관계와 성취에 직접적인 영향을 끼친다.

내가 빛나고 자신감이 넘치는 건 좋은 환경과 비례하지는 않는다. 부자와 성공한 사람들만 빛나고, 실패하거나 어려움에 처한 사람은 아닐까? 그렇지 않다. 나를 빛나게 하는 방법을 알고 모르고의 차이일 뿐이다. 누구라도 자신이 얼마나 귀한 사람인지 깨닫고 믿어야 빛이 난다. 어떤 상황이나 환경에서도 내가 마음먹기에 따라 나를 빛나게 할 수도, 빛이 꺼지게 할 수도 있다. 그리고 스스로 빛나는 사람만이 남을 빛나게 해줄 수 있다.

관계를 지키는
거리 두기의 법칙

선을 지키면
관계의 품격이
달라진다

정도의 차이가 있을 뿐 일단 세상에 태어나면 누구나 수많은 인간관계를 경험하게 된다. 이런 인간 관계에 의해 인생의 희노애락도 대부분 좌우된다고 하니, 인간관계는 어쩌면 살면서 제일 중요한 것이라 말할 수 있다. 그 중요한 관계에서 초점을 맞춰야 할 곳은 어디일까. 새롭고 다양한 관계를 시작하는 일도 중요하지만 이미 좋은 관계를 지속적으로 이어나가는 일에 집중해야 후회가 없다.

KBS《아침마당》에 출연해 인간관계 정리법에 대해 강의를 한 적이 있다. 이때 시청자 반응이 가장 컸던 대목이 '세월도둑'이라는 표현을 썼던 부분이었다. 더할 수 없이 좋은 관계를 유지하던 사람 관계도 한순간에 깨지면 그 세월까지 통째 잃어버리니, 원인을 제공한 자는 세월도둑이 되는 셈이라고 말했는데, 두고두고 '폭풍 공감'이라는 피드백을 받았다.

이 말에 격하게 공감하는 이유는 누구나 한 번쯤 이런 경험을 해봤기 때문일 것이다. 자신의 실수로 도둑이 되기도 하고 도둑을 당하기도 해봤으니 생각할수록 아깝고 후회되는 일이 있지 않은가. 세월도둑이 되지 않는 방법은 의외로 간단하다. 늘 선을 지키는 태도를 지니면 소중한 관계를 철통 방어할 수 있다.

친한 사이일수록 예의를 갖춰야 한다

━━━ 가깝지 않은 사이에서는 대체로 선을 잘 지킨다. 혹시 상대가 기분이 나쁠까, 서운해할까 늘 조심한다. 그러나 상대를 잘 안다고 생각하거나 친밀하다고 자신하는 순간 자기도 모르게 지켜야 할 선을 넘고 마는 경우가 많다. 오래된 친구나 동고동락하는 동료 혹은 형제지간에도 마찬가지다. 선을 넘는다고 하면 지나치게 무례하게 대하는 것을 먼저 떠올릴 수 있다. 그러나 여기서 선을 넘는다는 의미는 '표현해야 할 것을 표현하지 않는 것'과 '무심한 것'도 포함된다.

일단 해야 할 말은 허물없는 사이라도 성실하게 해야 한다. 대표적으로 '고맙다', '미안하다'는 말이다. 친하지 않은 사이에서는 한껏 예의를 지키느라 자주 쓰는 말인데 친한 사이에서는 '에이, 우리 사이에 무슨…'이라며 쉽게 생략해버린다. 이웃에서 고구마 한 박스를 선물받았다며 나눠주면 고맙다는 말을 몇 번이고 한다. 나중에 만나면 지난번 고구마가 너무 달고 맛있었다고 다시 한 번 칭찬한다. 그리고 상황을 봐서 그에 상응하는 선물이 뭐가 좋을까 머리를 굴리다가, 다시 고맙다는 인사와 함께 선물을 건네야 마음이 편하다.

그런데 30년 지기 친구에게는 고맙다는 말에 인색하다. 자신이 입원했을 때 친구가 끼니마다 온갖 영양죽에 물김치를 날라 먹여도 고맙다는 말 한 번 없다. 그러나 어쩌다 한번 과일바구니 들고 잠깐 들른, 그리 가깝지 않은 지인에게는 맨발로 뛰쳐나가 고맙다는 말을 속사포처럼 쏟아낸다.

고마운 줄 모르는 사람은 이미 선을 넘고 있다. 가까워서, 허물없어서, 쑥스러워 고맙다는 말을 못 하는 것도 마찬가지다. 일방적이고 영원한 호의는 없다. 요즘 세상에서는 부모자식 간에도 안 통한다. 하루아침에 쌓였던 서운함이 터질 수 있다. 가까울수록 부지런히 고맙다고, 미안하다고 진심을 담아 전해야 한다. 그것이 곧 선을 지켜 관계를 돌보는 지혜다.

쓸데없는 간섭은 그만!

■■■■ 친한 사람들과는 소통이 잘된다. '딱 봐도 안다'고 장담한다. 그렇기 때문에 선을 넘기 쉽다.

직장 생활할 때 그야말로 절친한 후배가 있었다. 텔레파시가 통하는 듯했다. 뭐든 말 안 해도 마음이 통하는 사람이 있다는 걸 처음 느꼈다. 문제는 시간이 지날수록 내 마음을 다 들여다보는 후배가 불편해지는 순간이 늘어난다는 거였다.

임원에게 심하게 질책받은 날 구정물을 뒤집어쓴 기분으로 앉아 있을 때 후배는 위로를 시작했다. 그 임원의 인성이 얼마나 거지 같은지, 판단력이 제대로 있으면 그렇게 말하지는 않았을 거라는 둥, 미리 취향을 좀 알아봐서 전략적으로 움직여야 한다는 둥 조언을 해주는데 더욱 짜증이 솟구쳤다. 이런 경우 그는 친한 선배에 대해 선을 넘은 것이다. 의도는 그게 아니었을지언정 상대가 쓸데없는 간섭이라 생각하면 그것은 선을 넘는 참견이 된다. 언제 빠지고 언제 곁에 붙어 있어야 할지 아는 것이 센스인데 이것은 책으로 배울 수도 없는 문제니 난감하다. 친할수록 빠져줄 때를 알아야 한다.

친한 동기가 대판 부부싸움을 하고 눈이 퉁퉁 부어 출근을 했다고 하자. 친구의 성향이 이런 상황에서 자존심 때문에 모른 척해주길 바란다면 그렇게 해야 한다. 위로랍시고 "너 무슨 일 있지?" "귀신을 속이지 나를 속이냐?"는 말로 캐묻고, 그러기에 남편은 이렇게 다뤄야 한다는 둥, 처음부터 시집을 잘못 갔다는 둥, 멋대로 판단하고 분석해서 '콩이야 팥이야' 참견한다면 이미 선을 넘어도 한참 넘은 것이다. 친한 사람에게 진심으로 애정이 있다면 한걸음 떨어져 있어야 할 때를 아는 것이 그를 위하는 것이다.

상대를 비하하는 농담은 독이 된다

━━━ 편한 상대이고 서로 막역한 사이라고 믿게 되면 관계의 긴장감이 떨어진다. 예를 들어보자. A라는 사람이 회사 동료들에게 20년 지기 친구인 방송국 PD를 소개하며 함께 어울리는 자리를 갖게 되었다. 그런데 친구의 좋은 점이나 칭찬보다는 절친인 것을 면죄부 삼아 비아냥거리는 말만 늘어놓는다면 어떨까. "똑똑하지도 않은데 방송국에 어떻게 취직을 했는지 지금껏 미스터리잖아."라며 박장대소하는 것까지는 그럭저럭 농담으로 넘길 수 있다. 하지만 방송국에 다니면서 헤어스타일이 그렇게 촌스러워서야 프로그램 맡겠냐는 둥 외모 비하를 시작으로 학교 때 여학생들에게 차인 횟수만도 기네스 등재감이라고 하는 순간 20년 지기 친구는 '아, 이 친구랑은 안 되겠구나'하는 생각이 들기 시작할 것이다.

친하지도 않은 사람들 앞에서 놀림당하고 기분 좋을 사람은 없다. 단 한 번의 비하하는 농담으로 관계가 깨지지는 않겠지만 유리병에 보이지 않는 금이 생기다 결국 깨져버리듯 관계도 쌓이고 쌓이다 한순간에 틀어지기 쉽다.

친한 사이일수록, 좋아하는 상대일수록 비하하는 농담은 독이 된다. 상대를 비하하는 농담도 습관인데 상대가 지금 선을 넘었다고 말해주기 전까지는 스스로 깨닫기도 어렵다. 다 깨지고 나서야 대체 왜 그러는 거냐고 놀라 억울해해봤자 소용없다. 친하다고 생각하는 사람일수록 절대 비하하는 말을 하지 마라. 농담이라도 하지 않아야 한다.

친한 사이에서는 친하지 않은 사이보다 오히려 서로에게 소홀할 수 있다. 무례하거나 배려에 대해 고마운 줄 모를 수도 있다. 그래서 친한 인간관계는 얇은 유리병처럼 지키기가 어렵다. 친하지 않은 사이에서는 뚜렷이 보이는 선이, 친하다는 이유로 없다고 여기거나 보이지 않을 수 있다. 우리는 그 선을 넘다가 소중한 사람과의 관계를 한순간 잃기도 한다. 그래서 마음을 다잡아야 한다. 가까운 사람에게 선을 지키는 사람이야말로 인생을 품격 있게 살수 있다.

나를
싫어하는 사람에게
쿨하게 대처하기

세상 모든 사람이 나를 좋아할 수는 없다는 걸 머리로는 알면서도 막상 나를 싫어하는 사람을 보면 신경이 쓰이고 화가 나기도 한다. 사람마다 정도의 차이가 있기는 하다. 드물긴 하지만 '그런가 보다' 하거나 '그러거나 말거나' 무심한, 신경 줄이 철사줄마냥 튼튼한 사람도 있다. 그러나 반대로 남이 나를 싫어하는 걸 신경 쓰다 못해 몸과 마음이 지나치게 피폐해지는 사람도 있다.

성공한 사람들을 보면 주로 멘탈이 튼튼하다. 자존감은 필요 이상으로 높고 나를 싫어하는 사람에 대해서도 그다지 신경을 쓰지 않는다. 천성 덕분만은 아니다. 절대적인 경쟁 환경에서 악착같이

버텨온 경험이 가장 크다. 남들보다 더 열심히, 더 잘하고 싶어 눈썹 휘날리며 달리는 사람들을 시기하고 질투하는 사람들은 지뢰처럼 사방에 널렸다. 그러니 이들 입장에서는 맷집이 좋아질 수밖에. 누가 나를 싫어하거나 말거나 대충 무시하고 신경을 끄는 습관을 들여야 자신이 원하는 목표를 향해 전력 질주할 수 있다.

문제는 그게 잘 안 되는 경우다. 나를 싫어하는 사람에게만 신경이 쏠려서 스스로를 불행 속으로 몰아넣는 사람들은 어떻게 마음 훈련을 해야 할까?

그만큼 중요한 사람인가

━━━━ 우선 나를 싫어하는 사람이 내 인생에 중요한 사람인지 그렇지 않은 사람인지 분류하자. 중요하지 않은 사람이라면 아예 안 보고 살아도 되는 사람인지 아닌지 다시 분류하자. 안 봐도 되는 사람이라면 매우 간단하다. 그냥 안 보고 살면 되니까. 그런데 세상살이가 그렇게 단순하지는 않다. "너, 나 싫어해? 그럼 다시는 보지 말자!" 이렇게 싹둑 자를 수 있는 관계는 얼마 없다. 대부분은 중요하지는 않지만 가끔 봐야 하거나 계속 봐야 하는 사람으로 분류될 것이다.

중요하지 않지만 가끔 봐야 하는 사람인 경우

━━━━ 예를 들어, 동문회에서 어쩌다 한번 마주치는데도 같은 극끼리 밀어내듯 그냥 나를 싫어하는 느낌이 저 멀리서도 쩌릿하게 전해지는 사람이 있다면 그냥 마음으로 끊어내면 된다. 그것도 아주 단호하게. 그편이 내 정신건강을 위해 좋다. 중요한 것은 마음으로 끊어낼 뿐 겉으로 공식화하지는 않아야 한다는 점이다.

1년에 고작 몇 번 마주치는 동문회에서 "넌 내가 못마땅하니?"라든가 "선배님은 제가 왜 그렇게 싫으세요?"라고 따져 묻는 순간 공식적으로 피곤한 적을 만드는 셈이다. 어쩌다 한번 마주칠 사이라면 마음속으로 '아웃!'을 선언할지라도 겉으로는 정중하게 대하고 최소한 나에게 해를 끼치는 사람이 되지는 않도록 관리하는 것이 좋다. 이런 걸 '마음의 방치'라고 한다. 되도록 안 부딪히고 멀찌감치 거리를 두고 있는 것만으로도 신경이 쓰일 확률은 줄어든다.

중요하지 않지만 계속 봐야 하는 사람인 경우

━━━━ 내 인생에 중요하지 않지만 계속 봐야 하는 사람도 있을 것이다. 이런 사람은 직장에 가장 많다. 옆 팀 팀장, 같은 팀 선배, 동료…. 매일 봐야 하는데 은근히, 때로는 노골적으로 나를 싫

어하는 티를 팍팍 내는 사람과는 어떻게 지내야 할까? 이 경우에도 먼저 '저 사람이 내 인생에 결정적인 영향을 미치는가'를 곰곰 생각해보자. 대부분 그렇지는 않다. 그래서 '당신이 나를 싫어하든 말든 나는 개의치 않겠어'라고 의도적으로 결심하는 것은 마음 한 구석을 조금 단단하게 하는 효과가 있다.

예전 회사에서 옆 팀의 P팀장이 나를 싫어하는 게 보였다. 내가 대리에서 과장으로 진급하던 날, P는 내게 축하의 말 대신 "너만 이번에 진급한 거 이상하다."라고 했다. 나는 "아, 네. 열심히 했습니다."라고 대답했지만, 여기서 끝이 아니었다. 진급 축하 회식에 와서는 "너는 너의 외모를 어떻게 평가하니? 100점 만점에 몇 점쯤인 것 같아? 내 말은, 너는 아무리 봐도 외모가 진급에 유리한 영향을 끼치지는 못하는 타입이라는 거지. 알고 있겠지만… 푸하하하!"라고 했다. 지금이라면 성희롱으로 당연히 문제가 되었겠지만 20년 전이었으니, 그저 빤히 쳐다보며 "왜요? 그게 왜 궁금하시죠?"라는 정도로만 응수해주었다.

내가 싫다는 사람은 어쩔 수 없다. 건성으로 대답하거나 대충 무시하면 상대도 안다. 기분이 나쁘거나 재미가 없으면 더 이상 안 그런다. 남 괴롭히기 좋아하는 사람들의 공통점이다. 그래도 신경을 긁는 일이 계속된다면 정식으로 "선 넘으셨네요." "지금 금 밟았어요."라고 말해줘야 한다. 기분 나쁜 상대의 말에 반응하고 무서워하면 그것 자체에 우월감을 느끼며 즐기는 나쁜 사람이 곳곳에 있다. 그런 사람한테 신경 쓰느라 에너지를 쏟지 말자고 스스로에게 단호하게 선언해야 한다.

중요한 사람인 경우

▬▬▬▬▬ 　 내 인생에 중요한 사람이 나를 싫어하는 경우는 가장 어려운 상황이다. 제일 대표적인 것이 직속 상사다. 회사에서 평가도 그 사람에게 받아야 하고 일도 가장 긴밀히 함께해야 하는데 나를 싫어한다면 그야말로 난감하다. 직장인 고민 상담 중 가장 많이 하소연하는 문제 중 하나이기도 하다.

"부장이 다른 직원에게는 안 그러면서 나한테만 노골적으로 싫은 내색을 해요. 말도 함부로 하고 무시하고 다들 있는 자리에서 '넌 그러니까 내가 싫어하는 거야'라고 아예 대놓고 말한다니까요. 이런 상사와 함께 있으면 진급이 되겠어요? 인사평가는 제대로 받을 수 있을지 괴로워 미칠 지경입니다." 대기업에서 근무하는 30대 과장의 고민이었는데 그는 끝내 이직하고 말았다.

또 다른 예도 있다. 중소기업에서 과장으로 일하는 워킹맘인 그녀는 출산휴가를 끝내고 출근하니 팀장이 바뀌어 있더란다. 초면의 팀장은 휴가에서 복귀한 그녀를 못마땅해하며 '몇 달 쉬니 머리가 돌아가겠냐'거나 '이래서 애 엄마 데리고 일하는 거 딱 질색'이라는 말까지 서슴없이 내뱉었다. 어떻게든 자신을 잘라버리겠다 작정한 것 같다고 그녀는 공포에 질려 있었다.

사실 이런 사례는 어느 회사에서나 약간씩 스타일만 다를 뿐 흔히 볼 수 있는 경우다. 내 인생에 대단한 영향력을 행사할 수 있는 사람이 어디 직속 상사뿐이겠는가. 유난스러운 시집 식구들이나 처가 식구들, 심지어 남편 직장 상사의 와이프까지 따지고 들면 광범위하다. 내 인생을 들었다 놨다까지는 아니더라도 꽤 영향력이 큰 그들이 나를 싫어할 때는 어떻게 대처해야 좋을까.

우선 생각해봐야 할 일은 '진짜 나 싫어하는 거 맞아? 나 혼자 착각하는 거 아냐?'라고 따져보는 것이다. 다른 사람에 비해 나에 대한 태도가 정말 부당한 건지, 나 혼자 소설을 쓰고 있는 건 아닌지 냉정하게 생각해볼 필요가 있다. 이런 착각은 직장에서 흔히 일어난다. 여러 번 같은 실수를 저지르는 박주임에게 짜증이 난 김과장이 박주임을 다시 불러서는 질책했다. 그러자 박주임은 "왜 저만 싫어하세요?"라고 했고, 김과장은 이렇게 말했다. "박주임만 싫어하는 게 아니라 박주임이 실수한 걸 지적하는 겁니다. 싫어하는 게 아니라 반복해서 숫자를 틀리는 걸 바로잡는 거죠!"

몇 번을 고심해봐도 내가 잘못한 게 아니라 나를 싫어한다는 확신이 든다면? 이런 경우가 왕왕 일어난다. 그럼 그 사람이 나를 왜 싫어하는지 원인을 깊이 찾아보자. 예를 들어, 지각을 자주 하거나 업무 기한을 못 지키는 등 나에게 문제가 있다면 그 부분을 고치면 된다. 아주 간단한 경우다. 정 모르겠으면 객관적으로 알려줄 동료에게 질문해보는 것도 좋다. "음… 일에 센스가 없어서가 아닐까. 실은 말이야…."라는 식으로 직언을 해줄 동료가 있다는 것은 행운이다.

싫어할 타당한 이유가 도무지 없다면 다음 단계로 넘어가자. 그 사람에게 면담을 요청하는 것이다. 어디가 마음에 안 드는지 말해주면 고치겠다고 담담히 말하며, 자신의 상황을 설명하는 것도 좋다. 인격적인 모욕을 느껴 심신이 힘들다거나 남들 앞에서 그런 식으로 망신 주는 일은 멈춰달라는 등의 말을 하는 건 나의 당당한 권리다.

직장에서 부당하게 나를 싫어하는 상사에게는 경고의 메시지를 날릴 수도 있다. 면담한 사실과 그 내용을 메일로 증빙을 남기는 것이다. '나는 당신의 부당함에도 최선을 다해 관계를 회복하려고 노력했다'는 증거를 남기면 상대를 충분히 긴장하게 만들 수 있고, 부당한 처사를 멈추게 하는 효과가 있다.

마지막으로, 면담을 했는데도 상황이 바뀌지 않는다면? '어차피 저 사람도 월급쟁이 나도 월급쟁이. 이 관계도 언제 끝날지 모른다. 영원하지는 않다. 내가 일시적으로 사람 운이 어지간히 없군'이라고 생각하자. 그런 사람을 만나 시련을 겪는 과정을 나를 단련하는 방법이라고 스스로 위로하는 것이다. '그래, 트집 잡히지 않으려 더 애써보자. 저런 사람을 극복하면 나는 훨씬 성숙해지겠지'

라며 상황을 내 쪽으로 유리하게 마음을 변주하자.

직장상사가 아니라도 마찬가지다. 내 인생에서 계속 봐야 하는 중요한 사람인데 나를 싫어한다면 그 또한 어쩔 수 없다고 생각하자. 나를 좋아하게 만드느라 지나치게 애쓸 것도 없으니, 여기서 설명한 단계를 하나씩 밟아가되 지나친 에너지를 쏟지는 말자. '내가 틀린 게 아니라 그저 우리는 다른가 보다.' 이렇게 힘들게 매인 마음을 풀어놓는 것이 나를 보호하는 지혜다.

무례한 사람에게
우아하게
대처하는 법

인생은 생각대로 되지 않는 일투성이다. 사람도 내 마음 같지 않다. 그래서 사는 것이 고해苦海라고들 한다. 그중에서 가장 고생스러운 것이 바로 '사람고생'이다. 어디서나 관계를 맺고 살 수밖에 없는 인간이기에 부딪히는 수많은 사람 중에는 고마운 은인도 있지만 마음을 상하게 하는 사람도 있게 마련이다.

꼴 보기 싫거나 맞지 않는 사람이 있다면 멀찌감치 떨어지거나 안 보면 그만이다. 그래서 사람들은 친구와 대판 싸운 끝에 절연을 하고, 직장을 그만두거나 이혼을 하기도 한다. 그러나 살다 보면 또 다른 인연이 생기고, 정도의 차이가 있을 뿐 싫은 사람, 나와 맞지 않는 사람은 계속 만나게 된다. 그중에서 나에게 무례하게 구는 사람은 어떻게 대해야 내 마음을 지킬 수 있을까?

무례한 사람은 하찮은 사람이다

━━━ 무례한 사람을 무시해버리면 전혀 문제가 되지 않는다. 모든 문제는 무례한 사람을 대단한 사람으로 보기 때문에 생긴다. 그래서 그들에게 휘둘리고 괴로워진다. 제일 대표적인 경우는 직장에 무례한 사람이 있는 상황이다. 직장상사나 선배가 무례하면 참고 참다가 직장을 옮겨버리는 사람이 많다. 잦은 모욕으로 인한 괴롭힘은 우울증이 되기도 하고 원형탈모나 이명 같은 신체의 이상 증상을 가져오기도 한다. 왜일까? 무례함으로 나를 휘두르는 사람을 두려워하기 때문이다. 왜 두려워할까? 그 마음의 이면을 들여다보면 그에게 인정받고 싶은 심리가 숨어 있다.

직장 상사나 선배, 동료로부터 유능하다는 인정을 받고 싶어, 직장인들은 갈급하다. 또한 무례함에 대항했을 때는 더한 피해가 오지 않을지, 그 사람과의 관계가 깨지지 않을지 걱정한다. 그래서 모욕이나 무례함을 그저 참고 견디다 마음의 병을 만든다. 그러므로 무례하게 나를 휘두르는 사람에게는 굳이 인정받지 않아도 된다는 마음을 갖는 것이 중요하다. 예의 없이 함부로 구는 사람은

210

내게 중요한 사람이 아니라 하찮은 사람으로 치부해버려야 에너지를 낭비하지 않는다. 그래야 무례함을 멈추게 할 용기를 낼 수도 있게 된다.

설사 상대의 무례함을 멈추지 못하더라도 실망하지 않아도 된다. 사람은 변하지 않는다. 그를 변화시키는 일에 내 에너지를 마냥 퍼붓지 않아도 된다. '그냥 그렇게 하찮은 인생을 사세요'라고 치부해버리면 된다.

상대의 주장보다는 내 판단이 옳다

━━━━━ 나에게 이런 상담을 해온 사람이 있었다. 이 여성은 남편과 함께 작은 가게를 운영하는데 주말을 항상 시댁에서 보내야 한다고 했다. 토요일 점심에 방문해서 일요일 저녁까지 먹고 나서야 집으로 돌아오는 일상이 힘들어지자 아내는 주말에 더 이상 시댁에 가고 싶지 않다고 했는데, 이 때문에 부부싸움은 물론이고 시댁 어른들까지 격노하고 사방에서 모욕적인 비난을 들었다. 상담 중 안타까웠던 것은 그 여성은 자신의 생각이 아닌 그들의 주장을 옳은 것으로 받아들이고 고민한다는 점이었다.

무례한 사람들은 늘 자신의 주장이 옳다고 강요한다. 그리고 당하는 사람은, 상대가 나보다 힘이 있다고 판단될 때는 부지불식간에 상대의 말이 맞다고 받아들이는 경우가 많다. "경력사원이면 이 정도는 기본 아닌가?"라는 소리를 상사에게서 들으면 '경력사원의 기준은 저것인가 보다'라고 받아들인다. 이런 생각을 하게 되어 더욱 무차별적으로 당하는 경우도 있다. 그러나 자신이 정한 기준을 강요하고 상대를 조정하려는 무례한 사람에게 휘둘릴 필요가 없다. 더군다나 그게 팩트가 아니라면 벌벌 떨 일이 아니다.

무례하게 농담하거나 비난하는 사람을 의연하게 대하기 위해서는 그의 말에 내 판단 기준을 적용해봐야 한다. 그리고 내가 옳고 그의 말이 억지라면 당당하게 당신이 틀렸다고 말해줘야 한다. 그런 왜곡된 평가에 연연하지 않겠다는 담담한 마음을 품고 말이다.

약해 보이지 않는 훈련

━━━ 무례하게 구는 사람들의 특징은 만만한 사람을 주로 괴롭힌다는 것이다. 그래서 상대에게 약해 보이지 않아야 한다. 심리적으로 강해지려면 무례한 사람을 대할 때마다 그를 판단하는 스위치를 끄자. '어쩜 저런 말을, 기분 나쁘게, 예의 없다' 등 그에 대해 떠오르는 판단의 스위치를 끄고, 그가 말한 내용은 즉시 쓰레기통에 버린다는 생각이 의외로 도움이 된다.

그런 마음만 갖는다고 저절로 강해지는 건 아니다. 무례하게 구는 사람에게 만만하고 약해 보이지 않으려면 가장 중요한 두 가지는 말과 실력이다.

만만해 보이는 지름길은 횡설수설 말하는 것, 그리고 때와 장소를 가리지 못하고 눈치 없이 말하는 것이다. 무례한 사람은 이런 틈을 놓치지 않는다. 얼쑤 좋구나 하면서 바로 공격할 수 있다. 상사에게 보고하면서 "그래서 결론이 뭐야?"라는 소리가 나오게 두서없이 말하는 사람, 심각한 문제를 의논하는 자리에서 실없는 농담을 하는 사람 또한 공격당하기 쉽다.

가장 중요한 것은 자신을 지킬 만큼 실력을 갖추는 것이다. 사실 이것이 무례한 사람을 가장 적극적으로 방어하는 방법이다. 맡겨진 업무를 제대로 못 하는 직장인, 가족에 대한 기본적인 책임감조차 결여된 가장, 자신의 분야에 전문성도 정보도 없는 사람은 허술해 보인다. 그런 자신의 모습 때문에 타인의 무례함에 노출된다면 약도 없다. 인복이 없어서 못된 인간들이 주변에 넘쳐나는 것이 아니라 내 실력이 없어서 수많은 공격에 시달리고 있는 것은 아닌지 생각해볼 필요가 있다.

무례한 사람에게 흔들리거나 휘둘리지 않고 싶어서 괜찮은 척 연기를 한다 한들 상대는 속아 넘어가지 않는다. 예의 없는 사람에게 인정받지 않아도 그만이라는 의연한 마음, 나의 판단이나 생각에 집중하려는 노력, 결국 내가 실력을 갖춰야 무례한 사람을 제지할 수 있다는 마음이 우아하고 여유 있는 태도를 만든다.

반드시
끊어야 할
인간 유형 세 가지

"새로 들어간 회사는 괜찮아? 자금 사정이 안 좋아서 아슬아슬하다던데 월급은 나와? 괜한 고생 하는 거 같으면 그냥 그만둬. 월급도 안 나오면 억울해서 어쩌니?" J의 갑작스런 이야기에 K는 당황했다. 물론 걱정이 되어서 하는 말이겠지만 동창회에서 모처럼 만난 친구들도 있는데 자기 의사와는 전혀 관계없이 자신의 난감한 상황이 알려진 셈이다. 대충 "아… 뭐, 꼭 그런 건 아니고…."라며 얼버무렸지만 집에 돌아와서도 불쾌하기만 하다.

결국 못 참고 J에게 전화해서 왜 그랬냐고 하자 J의 태도가 더 어이없다. "어머, 친구 걱정되니까 하는 소린데, 뭘 그렇게 예민하게 받아들여? 거기서 네 사정 모르는 애가 어디 있다고, 참나. 뭐든 그렇게 삐딱하게 받아들이니까 네가 아직도 안 풀리는 거 아닐까?"

무례함은 본인이 저지르면서도 잘못은 상대에게 뒤집어씌우는 데 타고난 재능을 발휘하는 사람이 있다. 친구 중에서도 내가 잘되기를 진짜 원하는지, 아니면 시기하고 질투하는지 구분이 어려운 경우가 있다.

시기하고 질투하는 유형은 남의 감정을 착취하는 습관이 있는 사람들이다. 그들은 주로 상대를 깎아내림으로써 자신의 열등감을 해소한다. 무례하게 상대를 흔들어 자존감을 떨어뜨리고 남의 감정을 멋대로 휘두르며 자신의 우위를 확인하는 사람들. 놀라운 건 그런 유형이 생각보다 많이 발견된다는 점이다.

서로 좋은 에너지를 주고받으면서 신뢰감과 기쁨을 누려야 좋은 사이라고 볼 수 있다. 그러나 함께 있으면 나쁜 영향을 받고, 에너지가 소진되며 감정적으로 불안함을 느끼는 관계도 있다. 친구를 잘 사귀어야 한다는 말이 아이들에게만 통용되는 말이 아니다. 좋지 않은 사람이 주변에 있으면 인생을 망치고 본의 아니게 엉뚱한 길로 들어서게 될 수도 된다. 그래서 자신을 보호하기 위해 반드시 끊어야 하는 인간관계 유형을 알고 경계하는 게 좋다.

남을 공격하는 유형

━━━━ 첫 번째는 앞에서는 우호적인 가면을 쓰고 실제로는 남을 흠 잡고 공격하는 유형이다. 앞에서 설명한 사례처럼 어떻게 해서든 열등감이라는 늪에 상대를 쑤셔 넣는 사람들의 심리는 자기 열등감이다.

자기도취 유형

━━━━ 경계하고 과감하게 멀어져야 하는 두 번째 유형은 자기도취 유형이다. 자기도취 유형은 한마디로 우주의 중심이 자신이라고 생각하고 행동하는 사람이다. 건강한 자신감과 자존감은 얼마든지 좋지만 자기도취 유형은 자존감이 낮은 사람으로, 남의 관심이나 평가에 지나치게 연연하는 경우가 대부분이다.

이들은 남들이 하는 이야기를 자신에 대한 공격으로 받아들인다. 자신은 아무렇지도 않게 남들에게 상처 주는 말을 하면서도 남이 자신에게 던진 사소한 한마디에 예민하게 반응하는 경향을 보인다.

S대학의 김철수 조교는 평소에 무뚝뚝하고 거칠게 말하는 타입이다. 그러면서 그는 사소한 일에 곧잘 발끈해서 별명이 '라면 냄

비'다. 부르르 잘 끓는다는 뜻으로 그를 꺼려 하는 후배들이 몰래 그렇게 부른다. 그는 자신에게 행해지는 모든 상황을 부풀리는 버릇이 있다. 예를 들어, 새 학기 강의 시간 관련 회의에서 시간이 잘못된 것 같은데 다시 확인해달라는 같은 과 조교의 이야기에 어김없이 날을 세운다. 회의가 끝난 후 "김영희 씨, 회의 시간에 그렇게 이야기하는 의도가 뭐야? 뭔가 다른 목적으로 공개적으로 나를 망신준 거지? 말해봐, 일 더 커지기 전에."라고 몰아붙이는 것이다.

매번 이런 식으로 뾰족하게 나오는 김철수를 상대하는 사람들은 필요 없는 에너지 소모를 하게 된다. 특히 개인적으로 좀 가깝게 지냈다가는 허구한 날 상황을 설명하고 오해를 풀어야 하니 그렇게 피곤할 수가 없다. 정신적으로 피로하다는 것은 그만큼 아까운 에너지를 낭비하고 있다는 증거다. 유익하지도 않고 의미 없는 소모전을 피하기 위해서라도 이런 유형은 멀리해야 한다.

시기와 질투가 많은 유형

▬▬▬▬▬ 세 번째 유형은 시기심과 질투가 유난히 많은 사람이다. 누구에게나 시기심과 질투는 기본적으로 있다. 아무리 친한 친구가 좋은 일이 있어도 축하해주고 기뻐하면서도 가슴 한편으로는 약간 쓰라린 질투가 이는 것은 지극히 정상이다. 이런 일상적인

질투나 시기심을 넘어 지나치고 위험한 시기심을 품는 사람들은 절대적으로 멀리해야 한다. 시한폭탄을 가슴에 안고 있는 사람 근처에 가지 않아야 피해를 보지 않는 이치와 비슷하다.

학교 동창들과의 모임을 예로 들어보자. 학교 때는 공부도 잘하지 못하고 별로 눈에 띄지도 않던 주희가 온라인 쇼핑몰을 시작했다고 소문이 나더니 불과 몇 년 만에 개인 쇼핑몰 상위권 매출을 올리는 유명 쇼핑몰로 자리를 잡았다. 보통의 사람들이라면 축하하고 부러워하면서도 마음 한구석으로 몰래 질투하기도 한다. 그러나 이 세 번째 유형은 그야말로 폭발하는 시기심으로 "쟤가? 왜 벌써? 이상하지 않냐?"라고 주변을 부추기면서 어떻게 해서든 깎아내린다. 매출만 그렇지 이익은 없이 적자라거나 뭔가 석연찮은 불법이 있었다거나, 뭐라도 꼬투리를 잡고 싶어 스멀스멀 소문을 만들어내기도 한다.

이런 유형과 함께 있으면 어느새 같은 부류나 공범으로 몰릴 가능성이 높다. 질투에 불타오르는 사람은 곁에 있는 사람 역시 잘되는 꼴을 못 보거나 남을 폄하하는 데 동원해 부정적인 에너지를 분수 뿜듯 뿜어낸다.

이렇듯 남을 공격하는 유형, 자기도취 유형, 시기심이 위험하게 많은 유형은 안 보고 사는 것이 가장 좋다. 안 보고 사는 것이 내 정신건강에 좋고, 에너지도 뺏기지 않겠다 싶으면 과감하게 관계를 끊고 휘둘리지 않기로 정하면 된다. 원수진 것도 아닌데 사람과의 관계에 미련이 남아 지속적인 감정착취를 당한다면 그보다 어리석은 일은 없다.

그러나 인생사가 어찌 그런가. 내 마음대로 안 볼 수도 없는 경우가 대부분이다. 특히 가족이나 일터에서 함께 일하는 사람들의 경우는 매일 봐야만 한다. 그런 상황일수록 스스로를 방어할 수 있는 마음근육을 튼튼히 하려는 노력이 필요하다.

매일 직장에서 볼 수밖에 없거나, 벗어나기 힘든 사회 커뮤니티에 양쪽 다 속해 있는 경우라면 마음에서 정리하는 것도 큰 도움이 된다. 저 사람에게는 정서적으로 피해를 입거나 자존감을 도둑질 당한다고 생각될 때, 매일 마주치기는 하지만 마음속으로는 관계를 끊고 공식적으로 필요한 대화만을 나누는 것이다. 최대한 대면하는 기회를 줄여나가는 것도 좋은 방법이다.

늘 감정 쓰레기통으로 나를 이용하는 20년 지기 친구. 자주 괴롭지만 아예 끊고 살기는 어렵다고 판단되면 6개월이든 1년이든 관계를 쉬어가자고 마음먹는 것도 좋은 방법이다. 이런저런 부드러운 이유로 만나는 일을 자제해서 관계를 쉬어가기만 해도 휘둘리지 않게 되고 피해를 줄일 수 있다.

좋은 관계를 잘 꾸려나가는 것도 중요하지만 독이 되는 관계를 제대로 끊어내는 것이 더욱 중요하다. 내 감정을 남들이 멋대로 휘두르게 두지 않겠다는 결심, 내가 허용할 수 있는 선을 정확히 가리키며 그 선을 넘어오는 사람에게 단호하게 경고하는 단단함, 너와 나의 기준이 다름을 언제라도 명쾌하게 설명하는 능력, 끊어내야 할 정도의 인간관계를 가늠할 수 있는 지혜가 무엇보다 필요하다. 인간관계가 세상을 살아가는 가장 큰 영향이자 수단임을 알아야 한다. 그리고 부정적인 관계를 끊는 내 마음의 단단함이 있을 때만 좋은 영향, 좋은 가치로 관계를 활용할 수 있다는 것을 명심하자.

상처받지 않는
거절의
기술

누구한테는 별일 아닌데 또 다른 이에게는 심각한 상처가 되는 경우가 있다. 사람에게서 상처받는 것이 싫어 아예 처음부터 거리를 두고 사람들에게 마음을 열지 않고 회피하는 유형, 반대로 상처받지 않기 위해 유난스럽게 사람들에게 잘해주고 집착하는 유형도 있다. 그런 유형의 사람들은 거절을 무서워한다. 거절이 곧 상처가 되니까 그렇다. 마음이 건강한 사람은 누군가로부터 거절을 당해도 고무공 팅기듯 금방 회복한다. 친구나 동료에게 저녁 먹자는 제안을 거절당해도 '나 거절당했네? 바쁘구나. 그럼 다음에'라며 아무렇지 않게 넘긴다. 마음이 튼튼하다.

모두가 그런 안정감 있고 튼튼한 마음을 가졌다면 얼마나 좋을까마는 사실 거절에 대한 상처를 두려워하는 사람이 훨씬 더 많다. 살아가는 과정은 거절이 일상이다. 개울물을 건너가는 것이 삶이라면 거절은 개울에 놓인 징검다리라고 할까. 징검다리를 밟지 않고는 저편으로 건너갈 수가 없다. 우리는 수시로 거절을 당하고 또한 거절하며 살아간다. 그래서 상처받지 않고 거절을 하거나 받는 기술은 일상을 사는 데 대단히 도움이 되는 마음의 갑옷이 된다.

거절을 하는 것도 당하는 것도 잘해낼 수 있다면 마음에 평화가 온다. 그리고 나를 둘러싼 관계도 더욱 원만해진다. 혹시 거절을 당하지도 하지도 않아야 관계가 좋게 유지될 수 있다고 생각한다면 그런 착각은 빨리 버릴수록 좋다. 유쾌하게 거절하고 아무렇지도 않게 거절당하는 일이 비일비재한 편이 좋다. 어떻게 하면 그렇게 건강한 거절이 가능할까?

거절하면 관계가 나빠진다는 착각을 버려라

━━━━━ 거절에 서툰 사람들의 공통점은 거절하면 상대가 화를 내거나 나와 불편한 관계가 될까봐 걱정한다는 것이다. 그래서 차라리 맞춰주고 말겠다고 생각한다. 만나기 싫은 사람도 거절을 못해서 억지로 만나고 어려운 부탁도 들어준다. 혹시 거절하면 상대

가 상처받을까 걱정이 되기 때문이다. 그러나 대부분 착각이다. 정작 상대는 거절에 대해 '아, 그런가 보다' 하고 대수롭지 않게 여기거나 실망했더라도 대부분 금방 잊는다.

이런 착각에서 벗어나야 유연하게 거절할 수 있다. 그러기 위해서는 내가 이루고 있는 관계를 곰곰이 되짚어볼 필요가 있다. 내가 거절하면 상대가 화를 내거나 토라지거나 오해를 하고 사이가 나빠질 거라고 예상된다면 그 관계는 뭔가 건강하지 않은 것이다. 사이가 나빠지면 내가 불리해질 것이라든가 하는 우려가 내 안에 있을 수도 있다.

건강한 관계는 내가 사정을 이야기하고 거절해도 충분히 이해하고 관계 자체에는 전혀 문제가 되지 않을 것이라는 믿음이 깔려 있다. 그러므로 거절이 무조건 관계에 악영향을 미친다는 착각은 그만하는 것이 좋다. 좋은 관계는 거절로 인해 깨지지 않을 것이다. 만약 비즈니스 관점에서 거절을 해서 내가 불리해진다면, 불리해도 거절해야 하는지, 실익을 위해 거절하지 말아야 하는지 냉정하고 객관적으로 판단하면 된다. 거절 자체가 관계에 영향을 미치지 않는다는 사실만 알면 판단이 훨씬 쉬워진다.

거절이 내 존재를 부인당하는 것을 의미하지 않는다

──── 거절당하는 것에 두려움이 큰 사람은 내가 무엇을 부탁하든 거절당하면 나의 존재 자체가 거절된다고 생각한다. 이 부분만 정확히 생각을 정리하면 거절이 그리 큰 문제가 아니라는 것을 알게 된다. 예를 들어, 퇴직한 후 렌탈 상품 영업을 시작한 사람이 친구들에게 렌탈 상품을 권유하는 경우가 있다. 평소 둘도 없이 친하게 지내던 친구들도 막상 상품을 권하면 열에 아홉은 거절하기 마련이다.

이때 바로 떠올려야 할 생각은, 이 거절이 상품에 대한 거절이지 친구에 대한 거절이 아니라는 사실이다. 물론 '어떻게 나한테 이럴 수 있지'라는 자괴감이나 배신감에 빠질 수 있다. 그러나 건강한 마음은 이 둘을 잘 구분한다. 존재를 거절당하는 경우는 극히 드물다. 단지 그 제안에 대한 단순한 거절이 있을 뿐이다.

나이스한 거절의 공식

──── 기업 전문 강사인 L에게 친한 선배가 강연을 요청했다. 선배는 L이 자신의 후배이기 때문에 강연이 가능할 거라고 회사에 호언장담한 상태이지만 L은 다른 일정과 겹쳐 강연이 어려워졌

다. 이럴 때는 어떻게 거절해야 할까?

일단 구구절절한 변명은 오히려 독이 된다. 거절 여부를 명확하게 먼저 이야기하고 그럴 수밖에 없는 이유는 간단하게 설명한다. '그 날짜에는 강연이 어렵다, 미리 출판 기념 강연이 잡혀 있기 때문에 일정 조정이 불가하다'고 말하면 명백한 거절 사유가 된다. 거기에 사족을 붙여 더 자세한 내용이나 어쩔 수 없는 이유를 주저리주저리 늘어놓는 것은 서로에게 도움이 되지 않는다.

명쾌하고 간단하게 거절 이유만 말하고 끝내라는 것은 아니다. 거절을 한 후에는 진심 어린 사과도 중요하다. 자신의 거절로 인해 선배가 곤란해진 것은 사실이니 정중하게 사과해야한다. 먼저 상대방의 입장에 공감한다. "어휴, 선배님. 저를 믿고 강연을 추진해주셨는데 제가 못하게 되어서 입장 곤란하게 되셨을까봐 너무 마음이 쓰입니다. 진심으로 죄송합니다." 이처럼 말할 수 없이 미안한 마음을 진심을 담아 말로 표현해야 한다.

명확한 거절의 이유를 밝히고 사과를 한 후 마지막 마무리는 성의 있는 대안을 제시하는 것이 가장 좋다. 거절을 한 후 내가 대안을 제시할 수 없는 경우도 사실 많다. 그러나 어떤 일이든 자신이 도울 일이 있는지 묻고, 그런 의사가 내게 충분히 있음을 밝히면 거절로 인해 상대와의 관계에 타격을 받는 일을 줄일 수 있다.

L의 경우라면 강연을 거절하며 대안으로 적당한 다른 강사를 추천해준다거나 혹시 강연 날짜를 변경한다면 기꺼이 강연할 수 있

다고 제안하는 것으로 적극적인 협조의 마음을 보여줄 수 있다. 혹여 상대가 서운했다 하더라도 대안 제시는 그 마음을 위로하는 최고의 방법이다.

감정이나 추측을 앞세우지 말자

━━━━ 거절당하는 것을 좋아하는 사람은 없다. 때로는 마음의 상처를 입는다. 상처받는 이유는 사실이 아닌 감정에 치우쳐서다. 친구에게 주말에 쇼핑을 같이 가자고 제안했다. 친구는 별다른 설명도 없이 "주말에? 곤란한데… 다음에 가자."라며 거절했다.

이런 경우 주말에 사정이 있어 시간을 낼 수 없다고 받아들여야 하는데, 혼자서 온갖 추측을 한다. '내가 싫어졌나? 귀찮은가? 나를 눈치 없는 사람으로 보는 거 아냐?' 이런 생각은 사실이 아닌 추측이며 감정이다. 거절을 당할 때는 사실만 받아들이면 되지 쓸데없이 추측해서 감정이 상할 필요는 없다.

내가 거절할 때도 마찬가지다. 친구가 오랜만에 만나 저녁을 먹자고 제안했다. 공교롭게도 일이 밀려 저녁을 먹기는 어렵다. 그럴 경우 앞에서 설명한 거절의 단계로 거절했더라도 마음이 괴로울 수 있다. '내가 거절했다고 마음이 많이 상하면 어떻게 하지. 앞으로 계속 봐야 할 친구인데 혹시 관계가 깨지는 건 아닐까.' 이런 걱정 때문에 스스로를 괴롭히거나 자신의 일을 망치면서까지 거절 못 하고 상대에게 끌려다닐 필요는 없다. 좋은 거절은 타인에게 맞춰진 초점을 내게로 옮겨오는 일이다. 지나치게 남에게 치우쳐 생각하는 것은 내게 독이 된다. 내게 초점을 맞추는 것이 건강한 거절의 시작이다.

공자는 "어떻게 받아들이거나 거절할지 이해하는 순간 근심과 불안이 사라진다."라고 했다. 거절이란 어떤 이유를 대더라도 그리 유쾌한 일은 아니다. 그러나 건강한 관계에서 거절을 주고받는 것은 그저 일상적인 일일 뿐 관계를 좋고 나쁘게 하는 두려운 것이 아니라는 마음을 갖자. 거절을 당하더라도 그 거절의 사안과 나의 존재를 함부로 뒤섞어 상처받지 않겠다는 지혜도 중요하다.

또한 거절도 제대로 하는 공식을 알고 있다면 더욱 나이스하게 거절을 주고받으며 좋은 관계를 유지할 수 있으니 겁낼 일이 아니다. 개울 건너편으로 건너가기 위한 징검다리가 어려우면 얼마나 어렵겠나. 용기를 내는 것 또한 건강하게 거절할 수 있는 또 하나의 방법이다.

미움받지 않게
싫은 소리
하는 법

나에게 메일로 고민을 보내오는 사람이 적지 않다. 그 중 한 분의 사연이다. 한번은 직원이 몇 명 되지 않는 소규모 사업장에서 일한다는 K씨. 내 유튜브 채널에서 '오전 중에 하루의 우선순위 대부분을 집중해서 마치는 것이 효율적이다'는 말을 한 적이 있다. 그 영상을 회사 막내가 보더니 집중한다면서 오전 내내 모니터 앞에만 붙어 앉아 있다는 것이다. 회사에는 자질구레한 잡일들도 많은데 막내가 그런 일은 나 몰라라 하니, 선배들이 잡일을 도맡는 지경인데 어떻게 하면 좋을까 물어왔다.

그 사연을 보고 가장 먼저 떠오르는 생각은 '이분은 참 싫은 소리 못하는 성격이구나'였다. 어린 후배한테 '자질구레한 일도 네 업무 중 하나니 우선순위 업무만큼 중요하게 처리하라'는 말을 차마 못 하는 것이다. 왜 그럴까? 그런 이야기를 했다가 괜히 후배와 관계가 불편해지거나 후배가 자신을 싫어할까봐 두려운 것이다.

대부분의 사람이 이처럼 타인에게 싫은 소리 하는 것을 주저한다. 드물기는 하지만 싫은 소리 하는 것을 스트레스 해소의 방법으로 쓰는 사람도 있기는 하다. 하지만 정도의 차이는 있어도 싫은 소리를 하고 싶어 하는 사람은 거의 없다. K처럼 차라리 내가 잡일을 대신 할지언정 대놓고 말을 못 하는 사람도 있고, 말을 하고도 내내 찜찜해하는 사람도 있다. 만약 싫은 소리를 하면서도 상대에게 미움받지 않을 수만 있다면 훨씬 말하기 쉬워지지 않을까. 관계에 영향을 끼치지 않게끔 싫은 소리를 하는 방법은 무엇일까?

평소 이미지가 중요하다

━━━ 기본적으로 전제되어야 할 조건은 싫은 소리를 해도 반감이 들지 않는 사람으로 평소 자신의 이미지를 만들어두는 것이다. 내가 다니는 교회의 한 집사님은 쫑알쫑알 잔소리 대마왕이면서도 모두에게 사랑받는 인물이다. 바자회에서는 애쓰고 선별해온 각종 반찬이나 식품에도 '짜다 싱겁다, 다음에는 브랜드를 바

꿔라' 등 잔소리를 쏟아낸다. 옷가지를 중고매매 하는 알뜰시장에서는 안쪽 솔기까지 다 뒤집어보며 '누가 사겠냐, 가격을 내려라, 올려라' 하는 등 잔소리가 끊이지 않는다. 그런데 그녀의 말에 대한 사람들의 반응이 재미있다. "그래? 바꿔야 하겠구나. 말해줘서 고마워." 이런 식이다. 아무도 신경에 거슬려하지 않는다.

나처럼 인간관계를 강의하는 사람들은 이런 광경을 그냥 지나치지 않는다. 왜 저 사람은 이야기에는 아무도 거부반응이 없는 걸까. 결론은 그녀의 평소 태도 덕분이다. 항상 다른 사람을 도와주고 싶어 안달이 난 태도를 오랜 세월 쌓아오다 보니 다들 그녀를 좋아하게 되었다. 좋아하는 사람이 하는 잔소리는 싫은 소리가 아니라 나를 위한 소리로 들리는 것이다.

처음의 사례로 돌아가보자. 막내가 잡일은 나 몰라라 하고 자기 일만 하는 통에 선배들이 잡일을 하면서도 말을 못 한다면 자신의 평소 태도에 자신이 없는 건지도 모른다. 평소 믿고 따르는 사람이라면 그가 하는 이야기에 수긍할 가능성이 높다. 그런데 그런 이야기를 했을 때 막내직원이 토라지거나 불만을 품고 관계가 서먹하게 될 것이라 예상하는 것은 결국 인간관계의 베이스가 제대로 깔려 있지 않다는 말이다.

진심으로 상대를 위하라

━━━━━ 싫은 소리는 내용 대부분이 지적이고 대상을 불편하게 만드는 말이다. 그런 말을 하기 전에는 먼저 판단을 해보자. 지금 이 이야기가 상대를 진심으로 위하는 말인가, 아니면 내 성질에 못 이겨서 하는 말인가.

듣기 불편해도 진심 어린 말이라면 상대에게 부정적인 감정을 일으키지는 않는다. 반면 그저 성질이 나서 하는 말은 그야말로 반발심을 일으킨다. 잡일을 나 몰라라 하는 후배에게 조직의 룰을 알려주고 보다 센스 있는 직장인이 되기를 바라는 마음이 진심이라면 이 역시 상대에게 전해진다. 그러나 "쟤는 왜 저렇게 눈치가 없니? 왜 잡일은 안 하는 거야?" 하고 단지 불만에 차서 이야기한다면 후배는 반성은커녕 반발심만 들 것이다.

가족 안에서나 사회생활에서나 타인에게 듣기 싫은 말을 하는 건 조심스러울 수밖에 없다. 그러나 사람의 마음을 열고 설득하는 일에는 화려한 언변이 필요 없다. 상대가 어떻게 받아들일까 걱정되어 말을 빙빙 돌리며 온갖 수식어를 동원해봐야 도움이 되지 않는다.

작은 베이커리를 운영하는 사람이 있다. 근무 시간에 자꾸 스마트폰을 들여다보는 직원에게 그만둘까 걱정스러워 따끔하게 말을 못 한다. '적성에 안 맞냐, 힘드냐' 물어봐야 소용없다. 때로는 베이

커리에 있기에 너무 스펙이 좋다고 황당하게 상대를 치켜세운들 놀리는 꼴밖에 되지 않는다. 근무 시간에 한눈팔지 않는 기본기부터 제대로 갖추지 않으면 어떤 일터에서도 인정받기 어렵다고 진심 어린 충고를 할 때라야 상대는 받아들인다.

반응이 안 좋더라도 여유를 가져라

━━━━ 싫은 소리를 용기 내어 했는데도 상대가 받아들이지 않으면 어떻게 해야 할까? 충분히 그럴 수 있다. 내가 말한다고 상대가 다 받아들인다면 관계의 문제가 이렇게까지 복잡할 이유가 없다.

상대가 바로 거부반응을 보이면 상처받을 수 있다. 상대가 분노하며 관계를 깨자고 들 수도 있고, 하루아침에 적으로 돌변할 수도 있다.

그러나 용기 내서 한 말이 당장 효과가 없다 하더라도 일단 말을 해놓았으니 시간이 해결해주든지, 다른 식으로라도 좋은 영향을 끼칠 것이라고 믿는 여유가 중요하다. 그래야 부정적인 반응이 와도 상대와의 관계가 깨지지 않는다.

배우자에게 진심을 다해 사랑하는 마음으로 금연을 권한들 제대로 듣던가? 그렇다고 해도 포기하지 않는 이유는 그 수많은 싫은 소리가 상대의 마음을 조금이라도 움직이고 있을 거라는 믿음 때문이다. 가족이나 친구, 동료도 마찬가지다. 싫은 소리를 제대로만 하고 있다면 언젠가는 감탄할 열매가 열릴 거라는 마음의 여유가 필요하다.

약간의
거리를 두면
모두가 행복하다

몇천 명이 운집한 콘서트나 축제를 하는 예전 영상이나 사진을 보면 과연 저런 세상이 다시 올까 하는 막연한 생각이 든다. 코로나 시대를 아무도 예상하지 못했듯 다시 사람들이랑 붙어 앉아 어깨동무를 하거나 왁자지껄 맥주를 마시며 축구 경기를 응원하던 그 시절이 다시 올지 상상조차 되지 않는다. '거리 두기'라는 말을 귀에 못이 박히도록 들었다. 이제는 사람이 가까이 오는 것 자체가 부담스럽다. 어느 정도 떨어져 앉아야 마음이 편하고 안정감이 든다. 역시 인간은 적응의 귀재가 맞다.

'고슴도치 딜레마'라는 말이 있다. 추운 겨울날, 고슴도치 몇 마리가 모여 있었는데 가까이 다가갈수록 바늘이 서로를 찔러서 거리를 둘 수밖에 없었다. 그렇지만 추위는 다시 고슴도치들을 모이게 만들었고, 똑같은 일이 반복되었다. 고슴도치 딜레마는 그래서 친밀감도 원하지만 가까이 있으면 불편해서 피하고 싶은 일종의 모순된 심리 상태를 이른다. 관계에서 적정한 거리를 두는 게 그만큼 어렵다는 이야기다.

물리적인 거리를 두는 것에 우리는 아주 익숙해졌다. 그렇다면 마음의 거리는 어떨까? 사실 몸의 거리보다 마음의 거리가 더 중요하다. 사람들과 심리적으로 건강한 거리가 유지되어야 관계는 발전한다. 한 발 더 다가가고 싶어도 서로 행복하기 위해 너와 나의 거리를 꼭 지켜야 하는 이유를 알아보자.

갈등이 생겨도 쉽게 풀 수 있다

━━━ 허물없고 친한 사이일수록 감정이 상하는 경우가 있다. 서로에 대해 긴장감이 떨어져서 그렇다. 처음에는 잘 유지하던 건강한 거리가 어느 사이엔가 무너지면 무례해질 수 있다. 그렇다고 한 번에 돌이킬 수 없이 감정이 상하지는 않는다. 친한 사이일수록 마치 유리병에 금이 가듯 조금씩 갈라지다가 어느 순간 쨍하고 깨진다.

고등학교 때부터 단짝이었던 순희와 영희는 40대 중반에 들어서서는 아예 같은 아파트 같은 동을 분양받았다. 나이 들수록 친구뿐이라는 말을 새삼 알겠다며 그녀들은 거의 모든 일상을 함께했다. 그러다 보니 잠깐씩 트러블이 생기기도 했다.

살림 재주가 없는 순희에게 영희는 아침 먹기가 무섭게 쫓아와 잔소리를 해대기 시작했다. "이렇게 엉망으로 살림을 하면서 지금껏 이혼 안 당하고 산 게 용하다, 애. 싱크대도 일주일에 한 번은 광이 나도록 닦아야지. 저 물때 좀 봐라." 그런가 하면 아파트 다른 주민들과 차를 마실 때도 함부로 말해서 사람을 무안하게 한다. "제 친구 순희는요, 살림을 너무 못해서 아이들이 늘 밖에서 먹고 들어온대요. 한심해서 원…."

그러고는 몸살이 난 것 같다며 마트에 들러 이것저것 사오라고 순희에게 심부름까지 시킨다. 결국 순희는 폭발하고 말았다. "네가 아무렇게나 대해도 가만히 있으니까 내가 호구로 보이냐?" 아무리 친한 친구라도 건강한 거리를 지켰다면 없었을 일이다.

친할수록 더 거리에 예민해야 한다. 순희에게 예의를 지키며 "네가 이런 건 서투니까 내가 도와줄까?"라고 하는 것이 건강한 거리다. 특히 타인이 있을 때는 절대 친구를 험담하지 않고 예의를 지키는 것이 기본이다. 그렇더라도 살다 보면 서로 오해가 생겨 싸울 수도 있다. 그러나 건강한 거리를 지킨 사람들은 관계가 완전히 깨지지는 않는다. 오해를 풀고, 자신에 대해 상대방이 원래는 존중하는 마음이 있다는 것을 알기에 이해할 수 있다.

기대지 않고 안전하고 당당하게 살 수 있다

━━━━━ 　지하철 문에 '기대지 마시오'Don't lean on라는 문구가 붙어 있는 것을 흔히 볼 수 있다. 전철 문에 무작정 기대 있다가 문이 열리면 넘어져서 큰 사고로 이어질 수 있기 때문이다. 기대지 말아야 할 대상에 기대 있다가는 사고의 위험이 높다는 것. 사람들의 관계도 마찬가지다. 무작정 기대면 넘어지기 쉽다.

친구나 연인에게 유난히 집착하거나 의존도가 높은 유형이 있다. 친하거나 사랑한다는 미명 하에 누군가를 소유하려는 행동이 지나치게 표현되면 그때 바로 '기대지 마시오'라고 경고해야 한다. 사람도 전적으로 기대 있지 않고 적당하게 떨어져 있어야 안전하다. 그리고 당당하다.

연인관계라 하더라도 매일 저녁마다 만나야 한다든가, 주말에는 늘 함께 지내야 한다면 얼마나 숨이 막히겠는가. 카톡을 보내면 즉시 답해야 하고 일을 방해받으면서까지 문자에 매달려야 한다면 그런 연애는 때려치우고 싶지 않겠는가. 사랑하면 당연히 그래야 하는 거 아니냐고 주장한다면, 그것이 바로 최소한의 거리조차 뭉개는 집착이다.

친한 친구 사이라거나 연인이라 하더라도 각자의 생활을 존중하는 것이 중요하다. 그게 바로 건강하게 떨어져 있는 태도다. 상대의 일상을 모두 점령하지 않는 것은 친한 관계일수록 지켜야 할 기본 태도. 그래야 그 관계가 오래가고 행복하다. 그러려면 나 혼자서도 충만하게 지내는 사람이 되도록 노력해야 한다. 혼자서 잘 사는 사람이 더불어도 잘 산다.

타인 때문에 내가 망가질 일이 없다

▬▬▬ 기업 전문 강의를 하며 주로 요청받는 주제는 직장 내 인간관계, 소통의 기술, 리더십 그리고 대화법이다. 이 모든 주제의 공통점 역시 '거리'다. 동료들과의 건강한 관계도, 소통이 잘되기 위한 방법도, 리더로서 팀원들을 이끄는 노하우도 모두 오버하면 안 된다는 것을 기본 전제로 한다. 그만큼 적당한 거리는 건강한 관계의 주춧돌이다.

회사 문화도 시대에 따라 트렌드가 꾸준히 변하기 마련이다. 기업에서 직원들에게 요구하는 태도 역시 달라진다. 예전에는 근면성실로 시작해서 주인의식이 최우선으로 꼽힐 때가 있었다. 그러나 요즘 주인의식을 강조하는 회사는 거의 없다. 만약 누군가 주인의식을 부르짖는다면 시대착오적이라고 비웃음을 당할 뿐이다.

가족문화도 없어진 지 오래다. 회사 구성원들은 가족이 아니다. 만약 직장 상사가 "아들 같아서 하는 말인데…."라고 서두를 연다면 이미 감이 떨어져도 한참 떨어지는 리더라고 볼 수 있다. "우리가 남이가?" 남이다. 형제도 아니고 가족도 아닌 회사 구성원일 뿐이다. 그래서 회사 동료 이상의 뭔가를 기대하는 사람은 상처를 입기 쉽다.

직장에서 건강한 거리를 지키고 있는지 아닌지 알 수 있는 방법은 뭘까? 상대가 원칙에 어긋나는 부탁을 해왔을 때 즉시 거절할 수 있는가에 달려 있다. 최대리와 문대리는 회사 내에서 소문난 절친이다. 같은 팀이 아니지만 식사도 자주 하고 퇴근 후 취미활동도 함께한다. 그뿐인가, 개인사까지 서로 살뜰히 챙긴다.

문제는 직장 내에서 서로에게 문제가 생겼을 때 어떻게 도울 것이냐 하는 것이다. 불분명한 내역의 법인카드 영수증을 처리해달라고 부탁하는 절친 동료를 자연스럽고도 명확하게 거절할 수 있으면 그들은 건강한 거리를 유지하고 것이다. 그러나 친하다는 이유로 거절할 수 없어 회사 내 규정을 어겨가며 동료의 부탁을 들어주고 있는 자신을 발견한다면 이미 건강한 거리는 무너진 관계라고 보면 된다.

건강한 거리를 유지하지 못해서 내가 감정적으로 질질 끌려다니거나, 위의 사례처럼 원칙을 어기거나, 더 심할 경우 불법을 저지르게 된다면 내가 나를 망치는 꼴이 된다. 건강한 거리가 무너지면 나 자신에게 치명적인 일이 벌어질 수 있다. 타인도 나도 망가지지 않으려면 행복하고 안전할 만큼 떨어져 있어야 한다. 행복한 인간관계를 원한다면 이것을 잊어서는 안 된다.

'그러려니', '그러거나 말거나 내버려둬'의 미학

"상관 마라. 인생 각자 사는 거다." 한밤중에 드라마를 보다가 툭 뱉어내는 배우의 대사를 듣고 탄복했다. 그 한 줄의 대사가 이렇게까지 마음을 시원하게 긁어주다니. 그렇지, 인생 각자 사는 건데, 남이야 그러거나 말거나 그저 내 인생을 잘 살아내면 되는데. 그게 맞는 말인 줄 알면서도 우리는 여전히 남의 인생을 흘끔거리며 못마땅해하거나 때로는 분개한다. 심지어 나와 관련지어 남의 인생에 '배 놔라, 감 놔라' 훈수를 두기도 한다. 거꾸로 "배 놓을까요, 감 놓을까요?" 하고 남의 눈치를 보기도 한다.

얽히고설킨 인간관계에서는 적당히, 알맞게, '따로 또 같이'라는 거리의 묘미를 잘 살려야 하는데 얽혀야 할 때 저만치 떨어지고 정작 떨어져야 할 때 눈치 없이 얽힌다. 대체 언제 '그러려니' 해야 할까? 어떤 상황에서 "그러거나 말거나 내버려둬!"를 외쳐야 할까?

눈치 보는 건 이제 그만!

━━━ 남들 평가가 중요한 사람은 항상 다른 사람의 눈치를 보고 전전긍긍한다. 남들이 잘했다고 하면 기뻐했다가 조금이라도 부정적인 반응이 나오면 상처받고 좌절한다. 맛집에 한 시간 줄서서 들어가도 내가 맛있고 행복했느냐가 문제가 아니다. SNS에 사진을 올려서 받는 '좋아요'의 숫자가 더 중요하다. '좋아요'가 많고 적음에 따라 감정이 널을 뛴다. 남들에게 보이는 게 제일 중요하니까.

그렇게 남들이 나보다 더 중요하면 행복감이 없다. 대신 그 자리를 불안감이 채운다. 이런 상황에서 아무리 힘들다고 소리쳐봐야 구해줄 사람이 없다. 스스로 빠져나와야 한다. 남의 평가나 눈은 중요하지 않다. 그들이 어떻게 생각하든 "그러거나 말거나 내버려둬"라고 쿨하게 중얼거려보라. 마음이 좀 담대해지는 효과가 있다. 그리고 나에게 집중해보자. "나는 어떻게 생각하는데? 만족해?" 그 대답에 따라 움직이는 내가 되어야 마음이 더 탄탄해진다.

쓸데없는 간섭도 그만!

━━━━ 아무리 친한 사람이라고 해도 건강한 거리는 관계를 유지하는 가장 큰 요건이다. 언제 물러서야 할지, 언제 딱 붙어줘야 할지 아는 것이 센스다. 타고나는 것은 아니다. 상대에 대한 관심과 애정이 있어야 그 센스도 발휘된다.

친구나 후배가 연인과 헤어졌다고 치자. 얼굴이 퉁퉁 부어 있어 한 번에 딱 봐도 뭔 일 있구나 싶은데 상대가 그 이야기를 하고 싶은지 어떤지를 먼저 알아차려야 한다. 누구나 안 좋은 일을 들키고 싶지 않은 마음이 있게 마련이다. 얼씨구나 쫓아가서 "너 그 친구랑 헤어졌지? 네 얼굴에 딱 그렇게 써 있고만 뭐."라고 호들갑을 떨며 "다 얘기해, 차라리 잘됐어. 그 사람 별로였어. 네가 좀 잘하지 그랬냐. 그렇게 잔소리할 때부터 아슬아슬하더라."라는 식의 참견은 관계에 최악이다.

퇴직하고 프리랜서 영업인이 된 친구에게 영업은 이렇게 해야 하고, 자존심이 상하더라도 참아야 한다는 식의 조언은 아무 도움도 되지 않는다. 설사 친구를 진심으로 위하는 마음이어도 마찬가지다. 친구가 자존심이 구겨지고 인생의 온갖 쓴맛을 경험하고 있을 때 위로가 아닌 조언은 주로 독이 되기 때문이다.

한 박자 늦게 반응해도 좋을 일들

━━━━━ 자주 있는 일은 아니더라도 누군가 시비를 걸어오는 경우가 있다. 성인들만 사는데 아이들이 뛰는 소리에 잠을 잘 수 없다고 따지는 아래층 이웃이 있을 수도 있고, 밖에서 기분이 상한 배우자가 집에 와서 괜한 짜증을 낼 수도 있다. 그럴 때 '나는 지고는 못 살아. 정당하지 않은 꼴을 보면 그 자리에서 누가 옳고 그르냐를 딱 부러지게 따져야 직성이 풀려.' 이런 마음으로 맞대응을 하는 것처럼 쓸데없이 에너지를 낭비하는 일이 없다.

이럴 때 나의 에너지를 보호하는 방법은 바로 '그러려니' 하는 것이다. 시비를 걸어와도 "아, 그래요?"라고 상대방의 의견에 반응해주고 존중해주면 그만이다. 동의하는 것은 아니다. 그저 '당신이 그런 의견인 줄 제가 알아들었습니다'라는 태도로 응대하고 똑같이 맞받아치지 않는 것이 요령이다. 똑같이 굴지 않아 내가 기분 나쁠 일도 없고, 기운 빠질 일도 없고, 그의 의견을 존중했으니 싸울 확률도 거의 없다. 그야말로 '그러거나 말거나 내버려둬'의 효용가치가 극대화되는 순간이다.

중심을 잡자, 남이 아니라 내가 기준이다

우리는 왜 일을 할까? 왜 아침부터 일찍 일어나 종일 일이든 공부든, 뭔가 열심히 하며 살아가는 걸까? 결국 내가 행복하게 살기 위해서다. 그런데도 우리는 종종 그 사실을 잊어버린다. 의무감으로 그저 시간에 쫓기며 허겁지겁 일하면서 남들의 의견이나 판단이 다 맞는 양 휘둘리고 질질 끌려다니면서 자신을 잃어간다. 목에 무슨 덫이 걸린 사람처럼 내 의지와 관계 없이 살면 힘들고 부자연스럽고 불행하다. 그런 사람이 사회에서 인정받을 수 있을까? 사업을 한다면 성공할까? 그렇게 살면 다른 사람들과의 관계는 좋을까?

어떠한 상황에서도 남들의 의견에 휘둘리지 말고 자기 자신이 중심을 딱 잡고 있어야 한다. 직장 생활을 할 때도 주도적으로, 내가 기준이 되어야 행복하다. 윗사람이 시키니까 야근하고, 가자고 하니 억지로 회식하고, 점심도 팀별로 가야 하기 때문에 할 수 없이 투덜대며 함께 간다면, 나는 짜고 매운 거 싫은데 일방적으로 팀장 입맛 맞추느라 날이면 날마다 짬뽕에 부대찌개를 먹으면 행복하겠는가?

사업을 하든 전업주부이건 학생이건 간에 마찬가지다. 바쁘게 살고 있는 나를 잠깐 멈추고 생각을 해보자. 나는 나를 기준으로 살아가고 있는가. 상황에 맞춰 어쩔 수 없이 질질 끌려다니고 있는 인생은 아닌가? 그렇다면 다시 나의 일상을 정비할 필요가 있다. 옷매무새 정리하듯 마음을 고쳐 잡자. 내 인생, 내가 기준이 되어야 한다.

관계 자체가 스트레스! 예민함 덜어내는 법

"인간은 저마다 신의 아들이므로, 모든 사람이 소중하다는 사실을 명심하면 저절로 좋은 인간관계를 유지할 수 있을 것이다." 미국의 기업인 헨리 카이저Henry Kaiser의 말이다.

세상 살기 힘들다는 하소연은 주로 관계 속에서 온다. 스트레스가 심해서 탈모증상이 생기고 우울감이 밀려들고, 바늘 떨어지는 소리도 천둥으로 들릴 만큼 예민해지는 증상은 사람이 원인인 경우가 많다. 이렇듯 어려운 인간관계 속에서 살아남는 법을 아는 것이 세상을 사는 첫 번째 지혜다. 어떻게 하면 나를 힘들게 하는 사람 때문에 겪는 스트레스와 예민함을 덜어낼 수 있을까?

타인에게 나는 어떤 상대가 될 것인가 결정하기

유튜브를 운영하며 많은 댓글을 보는데 그중 대단히 인상적인 글이 있었다. "정상적인 사람에게 대처하는 방법에 대해서만 말하네요. 매너 있는 사람들 속에서만 사셨나봐요. 세상에는 훨씬 비정상적인 사람이 많답니다."

나는 사회에서 만날 수 있는 고약한 사람들에게 어떻게 대처할 것인지를 케이스별로 설명하는 일이 많은데, 그 댓글을 보고 머리를 한 대 맞은 느낌이었다. 내가 강의하는 실제 사례보다 훨씬 더 험하고 어려운 관계 속에 살아가는 사람이 많다는 뜻이지 않은가. 앞에서 하는 말과 뒤에서 하는 말이 다른 건 기본이다. 악의적인 루머 유포, 면전에서 모욕하기, 겉으로는 매너 있는 척하며 왕따시키기…. 뜻을 같이한 동무들끼리 모인 모임에서 친하지도 않은 선배가 "그 친구랑 헤어졌다며? 으이그, 오래간다 했다. 그 성질머리 언제 고칠래?"라고 생뚱맞게 면박을 줄 경우 나는 어떻게 반응을 해야 할까?

이런 사람들 속에 있으면 괴롭다. 하지만 어차피 함께 살아가야 하는 세상이니 나만 괴롭지 않으려면 중심을 잡아야 하지 않겠는가. 그러려면 첫 번째로 해야 할 일은 바로 '나는 저 사람에게 어떤 상대가 될 것인지' 내가 정하는 것이다. 사람들과 부딪힐 일에 대비해 타인에게 어떤 사람으로 보일지 내가 미리 정해놓는 것이 중요하다.

예를 들어, 나는 친절하고 배려심이 많은 사람이지만 상대가 선을 넘어 들어오면 즉시 경고하고 사과를 요구한다. 또는 나를 만만히 보고 감정적으로 휘두르려고 하는 사람에게는 여유 있게, 그러나 단호하게 상대가 잘못하고 있음을 지적한다. 이렇게 내가 원하는 나를 먼저 내가 설정해놓으면 그 원칙에 따라 행동하면 된다. 그러면 그 사람에게 휘둘려서 너무 힘들고 불행하다는 푸념은 막을 수 있다.

스트레스와 상처를 받을 때는 그냥 멍하니 있다가 당하는 경우가 대부분이다. 그렇기 때문에 주체적으로 타인에게 어떤 나로 비치고 싶은지 내가 정해서, 그 이미지에 일치시키도록 노력하는 것이 중요하다. 관계를 자신이 주도하느냐, 질질 끌려다니느냐는 자신이 선택하는 것이다.

내 마음대로 할 수 있는 일과 없는 일 구분하기

살면서 '내 마음대로 되는 일이 별로 없구나'라고 느끼는 때가 있다. 배우자나 자식도 내 마음 같지 않다. 자영업을 하던 직장에 다니든 열심히 한다고 하지만 내 마음대로 되는 일은 극히 제한적이다. 문득 생각지도 못한 코로나19가 발생하고, 예기치 못한 사고나 병도 만나게 된다. 똑똑한 척 살았는데 믿었던 사람에게 사기를 당하기도 한다. 대개 그런 인생의 고비를 넘지만 같은 상황을 두고도 누구는 크게 좌절하고 누구는 그래도 자존감을 지킨다. 이 차이는 내 마음대로 할 수 있는 일과 없는 일을 구분하는 지혜에서 나온다.

회사에서 상사에게 받는 스트레스에도 어쩔 수 없는 부분과 그렇지 않은 부분이 있다. 지각하고, 보고서의 기한을 못 맞추고, 내가 성실하지 못해 상사가 히스테리를 부린다면 고치면 된다. 그건 내가 할 수 있는 일이다. 그러나 성실하게 최선을 다하는데도 시도 때도 없이 모욕적인 말로 공격해온다면 문제는 달라진다. 처음에는 모욕을 멈춰줄 것을 단호하고 정중하게 요구해본다. 그래도 소용없을 경우 '아, 내 마음대로 할 수 없는 일이구나'라고 판단하고 그 사람을 향한 내 감정의 스위치를 꺼버리는 것이 스트레스를 줄이는 방법이다.

그에 대한 모든 스위치를 끔으로써 화를 내거나 판단하거나 분노하는 일을 멈추는 것이다. 여러 번 말했듯이 사람이 다 다르다는 것을 인정해야 한다. 마음이 약해서 비겁한 짓을 하는 사람도 있고, 소심해서 한입 가지고 두말하는 사람도 있다. 사람은 다 다르고 그건 내가 어쩔 수 없는 일이라 생각하자. 그리고 "그럴 수 있지 뭐. 내가 어쩔 수 있는 일은 아니니까."라고 심드렁하게 말해보자. 마음의 공간이 어쩐지 넓어지는 느낌이 들 것이다.

감정이 아니라 팩트만 챙기자

자동차 부품 대리점을 동업 하는 K와 J는 언젠가부터 삐걱대기 시작했다. K는 2호점 오픈을 준비하며 대부분의 일을 자신과 상의 없이 진행하는 J 때문에 고민에 빠졌다. '동업이라면서 저렇게 멋대로 해도 되나' 불만이 쌓이며 아마 J가 동업을 깨고 싶은 모양이라고 생각했다. J는 J대로 K가 서운했다. 사실 K의 아내가 디스크가 심해서 병원에 들락거리는 통에 일터에 소홀한 것은 이해한다. 그러나 K가 없을 때 어쩔 수 없이 결정한 일조차 일일이 왜 의논하지 않았냐고 불만을 토하는 통에 피곤하다. 아마 동업한 것을 후회하고 있음이 틀림없다. J와 K는 결국 갈등이 폭발해 이별의 수순을 밟았다.

누구라도 오해로 사이가 나빠지는 경험을 한다. 사람 때문에 극도로 예민해지고 스트레스를 받다가 결국 터지는 셈이다. 만약 K와 J가 동업을 후회한다거나 상대에게 불만이 많다는 식의 확인되지 않은 추측을 사실화해서 마음 상하지 않았다면 관계가 그렇게까지 악화되지는 않았을 것이다. 상대에 대해 추측해서 판단해버리면 당시 스트레스받는 것은 물론이고 나중에도 크게 후회로 남는다. 좋은 관계를 건강한 마음으로 유지하기 위해서는 감정적인 추측을 철저히 배제하고 오로지 팩트만 챙기는 습관이 필요하다.

마음 운동을 꾸준히 하자

유난히 발목이 약한 사람이 있다. 그런 사람은 평소에 발목 강화 훈련을 하거나 신발은 높은 굽의 구두는 피하고 편안한 단화를 신어야 한다. 마음도 마찬가지다. 마음을 유난히 잘 다치고 별일 아닌데도 삐끗하는 사람들이 있다. 마음이 예민해서 그렇다.

몸이 약하면 더 성실히 운동해야 하는 것처럼 마음도 약하면 약할수록 더 집중해서 마음근육을 키우는 운동을 해야 한다. 긍정적이고 좋은 사람들을 곁에 포진시키는 것이 가장 좋은 방법이다. 그러나 주변에 그렇게 좋은 사람이 많지 않다면 좋은 책과 영상으로 대체해도 된다. 방법은 얼마든지 있다.

내 마음을 튼튼히 하는 좋은 글귀나 이야기를 흘러 듣는 것만으로는 마음이 저절로 튼튼해지지는 않는다. 인상적인 내용은 메모를 하거나 나의 느낌을 함께 적어보자. 이렇게 꼭꼭 씹어 내 것으로 소화해야 마음의 영양소가 된다. 마음이 튼튼하면 어떤 관계라도 건강하게 살려낼 수 있다. 관계를 지키는 것에서는 마음이 대부분의 역할을 하기 때문이다.

정리해라, 전부!

사람들과 잘 지낸다는 의미는 개인마다 다르게 받아들인다. "아, 그 친구 내가 잘 알지! 우리야 뭐 형제나 다름없어."라고 말하는 것을 인생의 성적이자 보람으로 여기는 사람이 있다. 또는 나와 마주치는 대부분의 사람에게 호감, 신뢰, 도움을 주고받고자 진심을 다하는 것이 '잘 지낸다'의 최선이라 여기는 이들도 있다. 그런가 하면 내 성공의 발판이 될 만한 사람들을 골라 모아 밥 사주고 골프 치며 관리하는 것을 유능함의 척도로 여기는 유형도 있다.

어떤 경우가 가장 인간관계를 잘한다고 단정해 말하지는 않겠다. 어떤 기준으로 사람들을 마주하고 관리하든지 간에 공통분모는 있다. 결국에는 혼자라는 것. 참으로 아이러니한 일이지만 인생은 각자 사는 것이다. 그래서 사람들과의 만남은 이왕이면 심플하고 쿨해야 한다. 인간관계를 관리한답시고 아무리 많은 처세술을 익히고 적용해봐야 인생의 중심축이 타인으로 옮겨가 내가 휘둘린다면 아무 의미도 없다.

다른 사람들이 나에 대해 어떻게 생각할까에 골몰하느라 그들의 시선에 맞춰 행동하고 그들의 평가에 일희일비하는 것은 관계 설정에 오류가 있다는 뜻이다. 그래서 주변에 사람이 많다는 것으로 잘 살아왔다고 우쭐할 일도, 친구가 별로 없다는 것 때문에 부끄러워할 일도 아니다. 그저 나다운 인간관계를 잘 꾸리고 나 자신에게 집중하는 것으로 균형을 잡으면 된다.

그러기 위해서는 무엇보다 흐트러져 있거나 헝클어진 관계를 정리하는 작업을 먼저 해보자. 타인의 말과 평가가 내 인생 전체를 지배하고 흔들게 내버려두지 않으려면 남의 시선으로부터 자유롭고 가벼워져야 한다. 인간관계도 어쩌다 한 번씩 정리해서 마음의 공간을 넓혀야 하는 셈이다.

내 자존감, 의욕, 에너지를 도둑질하는 사람들이 대표적인 정리 대상이다. 친하다고 생각했는데 나 잘되는 꼴을 못 보는 친구라거나 어떤 도전을 해도 무시하는 동료들도 마찬가지다. 시도 때도 없이 무례한 사람은 말할 것도 없다. 딱 끊고 살 수 없는 상황이라면 마음으로 거리를 두는 방법도 있다.

유튜브 채널 〈유세미의 직장수업〉과 기업에서 나는 인간관계에 대해 다양한 내용을 강의한다. 화가 날 때 지혜롭게 사람을 대하는 방법에 대해 나도 잘 못 참는 화를 우아하게 표현하라고 조언할 때가 있다. 때로는 갈등을 극복하고 내 마음이 다치지 않은 성숙한 태도는 어떻게 발휘되는지에 대해서도 열변을 토한다. 무례한 사람과 나쁜 사람을 어떻게 구별하는지, 내 인생에 보석 같은 좋은 사람은 어떻게 알아보는지 설명하고, 건강한 선을 지켜야 관계가 오래간다고 역설하며, 그렇게 하리라고 다짐하고 또 하면서 고개를 끄덕이는 사람들을 바라본다.

그중에서도 내가 가장 공들여 강조하는 부분은 인간관계를 잘 유지하는 데 앞서 기본이 되는 문제, '인간관계는 어떻게 정리하는 것이 좋은가'이다. 다양한 인생의 지혜가 진주알이라면 그것을 하나로 꿰어 찬란한 목걸이를 만드는 끈이 바로 인간관계 정리라고 할 수 있다. 아무리 인간관계 처세술에 능통하더라도 내 인생에 부정적인 영향을 끼치는 누군가를 정리하는 작업이 더 우선이다. 그래야 관계의 기술이 내 인생을 근사하게 빛내주는 스포트라이트가 되는 순간이 완성된다.

난이도 높은 처세술에 몰입해서 너무 애쓰지 않아도 된다. 주변에 좋은 사람이 없다면 싹 다 정리해도 된다. 좋지 않은 사람이라도 없는 것보다는 낫겠지 싶어서 불행하게 엮여 지내기보다 외롭지만 혼자 있는 것도 괜찮다. 내가 행복해야 한다. 내가 행복하면 좋은 사람이 다시 하나둘 눈에 띌 것이다. 그때 차근차근 이 책의 메시지를 적용해보기 바란다.

이 책을 읽은 독자 여러분 모두 좋은 사람들 속에서 평안하길.